- 유 준 원 -

어린 시절부터 장난이 심했다
'글자'로 장난했다
글자를 뒤집고. 거꾸로 읽어보고
앞뒤 없이 생뚱맞게 바꿔놓고
킬킬거리며 웃다가 징징거리며 울었고,
노래 가사를 바꾸며 놀았다.

47년을 준비해서 출판사를 차렸다.
녹록하지 않았던 삶이었지만
현재는 세상에서 가장 자유롭고 즐거운 삶을 누린다.

사람들과 대화하다가 즉석에서
책 제목과 목차까지 잡아준다.
일상을 출판기획자로 지내고 있다.

세상 모든 일에 '사람'만 있으면 무조건 해결된다고 믿는다.
불가능의 확률은 가능한 100%의 확률이라고 말한다.

힘든 시절임에도, 희망의 확률은 커져만 간다.
지금 100% 감사하고 행복하게 지낸다.

저 자 소 개

불가능의 확률

초판 1쇄	인쇄 2020년 7월 7일 / 초판 1쇄 발행 2020년 7월 21일
지은이	유준원
펴낸이	유준원
봐준이	강원국
만든이	이완수
발행처	도서출판 더클
공급처	명문사, 북센
출판신고	제2014-000053호
주소	서울시 금천구 가산디지털1로 212 코오롱애스턴709호
전화	(02) 857-3086
팩스	(02) 2179-9163
전자우편	thecleceo@naver.com
특허출원신청번호	4-1998-711234-7

ISBN 979-11-86920-24-4 (12320)

이 도서의 국립중앙도서관 출판예정도서목록(CIP)은 서지정보유통지원시스템 홈페이지(http://seoji.nl.go.kr)와 국가자료공동목록시스템(http://www.nl.go.kr/kolisnet)에서 이용하실 수 있습니다. (CIP제어번호 : 2017007186)

불가능의 확률

Unerring win　Impossble chance

/차례/

2장 느리게 살기(andante)

3장 **함께와 혼자**(together & only one)

프롤로그

로또 1등과도 바꾸지 않을 첫 책을 출간한 지 벌써 7년이 되었습니다. 제 인생 53년 동안 상상하지 못했던 많은 일이 불과 7년 사이에 일어났습니다. 공무원연수원과 대기업, 은행, 군부대(JSA, 청와대경호부대)에서 강의 요청이 들어오고, 첫 방문 이래 중국 상하이를 20차례 다녀왔습니다. 올해 개관을 준비하는 단일 규모로는 세계 최대 화장실 테마파크 'BATH EXPO' 글로벌문화센터장 업무도 보고 있습니다.

세일즈와 책 쓰기 관련된 내용으로 강의를 다니는 동시에 의사, 박사, 교수, 공무원, 성공한 사업가, 아나운서, 명강사, 도의회의장, 한인회장, 명문대 출신 저자들의 책을 출간하는(40여 권 출간) 출판사도 꾸렸습니다. 혼자서 100억 원에 가까운 금액을 펀딩해서 벤처기업들을 도와주는 일도 합니다.

지역 사회의 38개 단체와 모임에서 리더로 추대 받는 한 대표는 저를 소개할 때 자신에게 '갑질'을 하는 사람이라고도 합니다. 덕분에 그 대표를 알고 따르는 이들이 저를 대할 때 보통 사람이 아닌 줄 알고 특별대우 해주고 있습니다.

저는 대학을 다니지 않았고, 출판 일을 해본 적이 없습니다. 강의를 해본 적도 없고, 한 번도 주식투자를 안 해본 제가 이렇게 많은 일을 하게 될 줄, 예측이

나 했겠습니까. 누군가에게 미리 이야기했더라면, 말도 안 되는 불가능한 일이라고 했을 게 분명합니다.

물론 이 정도의 성취도 작은 건 아니지만, 제 꿈의 크기에 비해서는 작기만 합니다.

'불가능' 한 시도라는 건 과정이 어렵고, 이루어질 확률이 적을 뿐이지 진짜 불가능한 일은 아닙니다. 지금 이 시간에도 누군가는 로또에 당첨되고, 개천에서 용이 났다는 말이 여전히 자주 쓰입니다. 불가능의 확률이란, 결국 가능한 100%의 확률이 되기도 한다는 말입니다.

2016년, 리우 올림픽 펜싱 종목 결승전 기억나세요? 우리나라의 박상영 선수는 10점, 상대 선수는 14점을 획득했습니다. 상대 선수가 1점만 추가하면 15대 10으로 경기가 종료되는 순간입니다. 박 선수가 패배하더라도 올림픽 은메달리스트는 확보될 수 있었습니다. 그런데 잠시 후, 놀라운 일이 벌어집니다. 15대 14로 박상영 선수가 역전승으로 금메달을 따냅니다.

1점만 더 내면 끝나게 되는 상대 선수와 1점도 내주지 않고 연속으로 5점을 내야만 하는 박상영 선수를 보면서 중계하던 아나운서가 이렇게 말했습니다. 14 대 10으로 지고 있는 상태에서 역전하고 금메달을 따낼 확률은 1%도 되지 않는 불가능한 확률이라고요. "할 수 있다!"를 크게 외쳤던 관중도 덩달아 유명해졌습니다.

세상에 불가능한 확률은 없습니다. 혹시 그런 확률 있나요? 세상의 모든 일은 가능성 100%의 확률이라고 확신하게 된 올림픽 경기 장면이었습니다. 끝까지 포기하지 않고 뛰어준 박상영 선수의 금메

달 수여 장면을 보면서부터 제가 내려는 책 제목이 변경되었습니다. 그전까지는 제 아이디어와 열정을 가지고 발로 뛰면서 인터넷과 겨뤄 보겠다며 《인터넷과 맞짱 뜬 전단지》를 책 제목으로 했던 걸 바꾼 것이죠.

요즘은 '인연'과 '마케팅'을 주제로 한 강의를 합니다. 그 흔한 PPT나 대본도 없이 서로 다른 이야기로 몇 시간도 강의할 수 있습니다. 생각해보면, 이제까지의 많은 일이 말도 안 되는 불가능한 확률이었습니다. 불가능의 확률과 가능성 100%의 확률은 어떻게 결정될까요?

'인연'

사람의 성공도 실패도 '인연'에 의해 결정된다는 생각을 날마다 굳히고 있습니다. 좋은 인연과 가까이 지내십시오. 좋은 인연은 절대 무너지지 않습니다. 좋은 인연과 함께하면 마케팅도 필요 없습니다. 그냥 다 잘 될 수밖에 없습니다. 그래서 내가 만나는 모든 사람이 다 잘되길 기도하게 됩니다. 내 주변이 잘되다 보면 어느덧 차례가 되어 좋은 일이 생길 테니까요.

좋은 인연이 없다고 생각하면 없고, 있다면 있습니다. 처음부터 좋은 게 아니라 서로 응원해주고 격려하고 조언해주면서 좋은 인연이 됩니다. 애초부터 좋은 인연이 있는 게 아닙니다. 좋은 인연이 되기 위해 가꾸고 만들어가는 사람들의 몫입니다.

시작도 현재도 좋은 인연으로 지내고 있고 앞으로도 좋은 인연과 함께합니다. 얼토당토않고 허무맹랑하게 들릴 법한 이야기들이 가능성 100%였다는 실화를 펼쳐보겠습니다.

Unerri
Impossibl

1장

5초도 길다

%?

선약취소클럽

베스트셀러 《대통령의 글쓰기》로 유명한 강원국 작가를 초청하려는 기관이나 개인이라면 이 글을 꼭 읽어보세요.

강원국 작가의 인기가 하늘 높은 줄 모를 때였습니다. 2014년 2월에 《대통령의 글쓰기》가 출간된 후 석 달 즈음 지났을 때 저는 작가에게 술 한잔하고 싶다고 말했습니다. 보름 전에 그를 처음 만나고 난 뒤, 한 공개 강의에서 두 번째로 만난 날이었습니다.

"그날 강의가 잡혀있어서 안 되겠네요."

그는 제게 거절의 말을 했습니다. 거짓은 아니었습니다. 마침 파견 나온 출판사 직원이 보여준 강 작가의 강의 일정표를 함께 보았으니까요. 강 작가는 6년이 지난 지금도 쇄도하는 강의와 방송으로 바쁘지만 그때는 더 정신없을 때였습니다. 전국의 노사모 회원들을 포함해 김대중 대통령과 노무현 대통령을 그리워하는 국민들을 추억시킬 책을 출간한 덕에, 강연 요청이 쇄도했고 책도 많이 팔렸습니다. 게다가 잘 알지도 못하는 저와 만난 지 겨우 두 번 만에 술 마시자는 제안을 받아들일 베스트셀러작가가 얼마나 있을까요.

강의 일정이 잡혀 있기 때문에, 거절해도 될 거라 안도하고 있었을 강원국 작가에게 저는 준비해간 편지를 내밀었습니다.

"네, 알겠습니다. 그러면 이따 강의 끝나고 꼭 읽어봐주세요."

그렇게 술 약속이 성사될 확률은 몇 퍼센트나 되겠습니까. 물론 아예 불가능할 수도 있다고 예상하기도 했습니다. 하지만 반전이 있었습니다. 아니, 강원국 작가가 생각지도 못했을 '편지'라는 반전의 기회를 만들고 인사한 뒤에 그 자리를 빠져나왔습니다. 작가로부터 결국 연락이 왔을까요? 네, 왔습니다. 헤어지고 3시간도 안 되어 문자가 왔습니다.

'그날 소주 마시러 갈게요.'

이렇게 편지 한 통으로 시작된 강원국 작가와의 인연이 이어져 저는 작가님의 매니저까지 하게 되었습니다. 이런 불가능의 확률과 반전을 가진 우리의 이야기는 강원국 작가의 두 번째 책 《회장님의 글쓰기》에도 제가 준 편지 이야기가 나옵니다.

정말 기적 같은 일 아닐까요?

제가 쓴 편지 내용에는 돈을 많이 벌어서 자동차를 마련해주겠다는 말도 없었고, 평생 술을 사주겠다는 말도 없었습니다. 그날 하루 좋은 사람을 만날 테니, 소주 한잔하고 싶다는 말을 쓴 게 전부입니다. 물론 다른 사연까지 덧붙여서 A4 한 장 가득 적은 편지였죠.

그리고 일주일이 지나 또다시 만남의

기회가 생겼습니다. 같이 술자리를 가졌던 그 멤버들과 함께 경복궁역 뒷골목 막걸릿집에서 뭉쳤습니다. 7명이 모였는데 그중 4명은 선약을 취소하고 자리에 와줄 정도였습니다.

그 자리에서 모두 의기투합하여 모임 결성을 했습니다. 이름하여 '선약취소클럽'이 되었죠. 참석한 반 이상이 선약을 취소하고 올 정도의 모임이었으니까요. 그리고 그 모임은 그날 이후 6년째 한 번도 모이지 않게 된, 전설의 모임이 되었습니다.

하지만 그날은 잊을 수 없는, 또 한 번의 놀라운 인연을 발견할 수 있었습니다. 그 자리에는 중국에서 사업을 하는 분도 있었는데, 저와 얼마전부터 알던 사이였습니다. 그리고 이미 일주일 전에 강원국 작가와 한 자리에서 몇 시간 동안 웃고 떠들면서 소주를 마셔놓고 두 번째 만남에서야 서로를 알아보더니 얼싸안기까지 했습니다. 조금 전까지 존댓말을 하면서 예의를 갖추고 덕담을 나누던 사이였는데 말이죠.

둘은 30년 전에 전투경찰 소속으로 같은 내무반에서 30개월을 동고동락했던 사이였습니다. 1980년대 연세대 근처에서 데모진압 부대원으로 군대 생활을 했으니 얼마나 살벌했던 시절이었겠습니까. 그들은 겨우 한 살 차이에, 입대도 한 달 차이었습니다.(강원국 작가가 한 달 졸병) 고참이 졸병보다 한 살 어리지만 하늘 같은 고참이었던 시절입니다. 정말로 다행인 점은 서로를 알아보고서 반갑게 맞이했다는 것입니다. 만약에 그 당시 후임병을 괴롭혔던 고참이었다면 그렇게 얼싸안으며 감동의 해후를 하는 일은 없었겠지요.

까까머리 20대 대학생일 때 만났는

데, 이제는 30년이 지나서 머리는 허옇게 되고 주름이 패이고 긴 시간 동안 전혀 다른 분야에서 다른 일을 하고 다른 지역에서 살다 보니 못 알아볼 만했습니다. 막걸릿집을 빠져나온 우리는 거나하게 취한 채로 경복궁역에서 근무를 서고 있는 의경들 앞에서 원산폭격을 시늉해가며 즐거워했습니다.

그 후로 강원국 작가는 중국 사업가의 초청으로 상하이를 찾아가 교포들을 위해 두 차례의 특강을 하기도 했습니다. 중국의 사업가는 초등학교 동창생도 만나고, 저를 통해 서로 도움을 주고받기도 하며, 새로운 인간관계가 생겼습니다.

두 번 다시 모이지 않은, 전설의 선약취소클럽에 대해 어떤 생각이 드세요? 얼마나 편지를 잘 썼기에 강원국 작가님의 마음을 움직일 수 있었는지 궁금하시죠?

진실되고 간절한 마음으로 쓰인 편지 한 통은 그렇게 불가능한 만남을 성사시키고, 기적을 만들었습니다.

%?

광복절 특사

요즘 흡연자는 어느샌가 비주류가 되었습니다. 때가 어느 때인데 흡연을 한답니까. 흡연자들 대부분이 거의 죄인 취급받는 데다가 몰래 피우고 있는데 말이죠. 어느 날 한 대표의 강의를 듣고 난 뒤 그에게 다가가 직접 물었습니다.

"대표님! 담배 피우시네요?"

"허허, 네. 여기 계신 분들은 담배 안 피우나 보네요."

"네. 제가 알기로는 몰래 피우는 사람 한두 명이고 공식적으로 피우는 사람은 한 명밖에 없어요."

"역시 훌륭한 모임이네요. 제 강의 어땠나요? 괜찮았나요? 새벽까지 술도 몽땅 먹고 전혀 생각지도 못하고 불려온 자리라…."

"아까 회원들이 경청하고 강의 끝났을 때는 환호하고 감탄하면서 박수친 거 들으시고는 뭘 물어보세요~ 놀랍고 훌륭하고 정말 대단하세요. 준비 없이 강의했다고 하셨는데 아주 명강의였습니다."

이 사업가는 갑작스럽게 강의에 초대

되었는데, 거의 완벽하게 강의를 마치고 나서 갈채와 찬사를 받았습니다. 이분은 어떻게 알게 되었냐고요?

매주 토요일 아침 6시 40분이면 시작되는 독서클럽(전주 리더스 독서클럽)에서 만났습니다. 2014년 2월 22일에 초대된 이 강사는 중국에서 사업으로 성공한 대표이기도 합니다. 그는 첫 책으로 《선한 영향력》을 펴냈고 수개월째 베스트셀러에 올라 있는 중이었습니다. 독서클럽 운영진은 그가 한국으로 들어와 전주에서 숙박한다는 정보를 입수해서 초대한 것입니다.

강의가 끝나고 중국의 사업가는 건물 밖으로 나가 모퉁이를 돌아 담배를 피우고 있었습니다. 그 모습을 발견한 저는 훌륭한 사업가와 따로 인사할 기회라고 여겼습니다. 사실, 그가 더 반가웠던 이유는 그가 흡연자라는 사실 때문입니다.

회원 중에 공식 흡연자는 저 1명이었기 때문에 정말 진심으로 반가웠습니다. 저는 곧바로 담배 불까지 얻어 함께 담배를 피웠습니다. 처음 만났고 예의범절을 지켜야 할 관계가 담배 연기로 한방에 날아갈 수 있었습니다. 그렇게 사업가와 이런 저런 이야기를 나누다 한마디 했습니다.

"대표님과 저는 혈연, 지연, 학연보다 더 끈끈한 관계가 되었습니다. 우리는 이제 흡연 관계입니다. 한국 사회에서 아무나 흡연 관계 맺지 못하잖아요. 흡연자 만나기도 힘든 세상에 이 시간에, 이 자리에서 함께 담배를 피우는 관계. 기적입니다. 그렇죠?"

호탕하게 웃으며 맞다고 대답하는 사업가와 헤어질 때, 한 가지 부탁을 했습니다. 대표님의 책을 구입해서 사인을 받고 싶으니 한국의 지인 연락처를 알려달라고 했습니다. 그는 승낙했고, 저는 아침 식사를 마치고는 바로 대학교 안에 있는 서점으로 달려가 책을 사서 사업가의 지인에게 연락했습니다.

또 한 번 놀랄 만한 일은, 사업가가 그 대학교 근처 카페에 있다는 것입니다. 곧장 한달음에 달려가 사인을 받고, 다시 부탁드렸습니다.

"대표님과 소중하고 끈끈한 관계를 맺게 되어 기분이 좋습니다. 저도 곧 있으면 책을 출간하는데요, 제 책이 나오면 상하이로 꼭 보내드리겠습니다. 주소 알려 주시면 감사하겠습니다. 그리고 제가 출판사를 창업할 계획입니다. 대표님처럼 훌륭한 분들의 이야기를 담은 책을 전문적으로 펴내는 출판사를 차리고 싶습니다. 그래서 드리는 말씀인데요. 대표님의 두 번째 책은 꼭 제 출판사에서 펴내고 싶습니다. 내주실 거죠?"

"아이고, 그건 말도 안 돼요. 한 권 냈으면 됐죠. 무슨 책을 또 내요. 저는 사업하는 사람이지 책 쓰는 작가가 아닙니다."

"그러니까 혹시 두 번째 책을 내게 되면 저희 출판사에서 내자는 거죠."

여기까지가 2014년 2월 22일 이야기입니다. 그리고 곧 3월이 되어 저의 첫 책 《거절을 거절하라》가 출판되어 책을 편지와 함께 보냈습니다. 중국의 사업가는, 조선족 직원들까지 제 책을 읽었다며, 그들이 밑줄 쳐가며 읽은 부분들을 사진을 찍어 제게 보내왔습니다. 국제 카톡의 시작이었습니다.

그 뒤로 한 달쯤 지난 4월 말에는 《대

통령의 글쓰기》를 펴낸 강원국 작가를 만납니다. 서울 신촌의 한겨레문화센터 '대통령에게 배우는 글쓰기수업' 이라는 강좌를 들었습니다. 그리고 베스트셀러로 스타 작가가 된 강원국 작가의 강의 모습과 책 사진을 찍어서 사업가에게 카톡을 보냈습니다. 이미 알고 있는 작가의 알고 있던 책이었는지 곧바로 답장이 왔습니다.

'이분의 명성은 익히 알고 있습니다. 대단한 분의 강의를 듣고 있군요. 부럽습니다. 감사합니다.'

'강원국 작가보다 대표님이 더 대단한 분이세요.'

'아이구! 어림도 없는 말이네요.'

솔직히 그때는 강원국 작가를 잘 모

르기도 했고, 유명한 사람이라고 해도 저와 크게 상관없다고 여겼습니다. 많이 만나지는 않았지만, 알고 지내는 사이가 된 상하이 사업가를 더 훌륭하게 여겼던 터였습니다.

'이분이 그렇게 대단한 분인가요? 그러면 언제 소주 한잔하자고 할까요? ㅎㅎ.'

'그게 가능한 일이예요?'

웃고 넘어갈 일이라고 생각했는데 정말 가능하냐고 물었습니다. 강원국 작가와 잘 알고 지내는 사이일 거라고 생각한 것 같았습니다. 사실은 전혀 가능하지 않은 일이었죠. 하지만 저는 일단 답장을 보냈습니다.

'일정 물어볼게요.'

저는 바로 강원국 작가의 강의 일정을 검색했습니다. 전국 팔도에서 끊임없이 들어오는 강연으로 스케줄이 굉장히 빡빡한 상태였습니다. 전국의 노사모 회원들과 지자체들이 줄서서 강연 요청을 할 때였습니다. 동국대학교 교수단에게 저녁 강의가 잡힌 5월 9일을 거사일로 잡았습니다. 작전을 짜면서 《선한 영향력》과 《대통령의 글쓰기》를 꼼꼼하게 읽었습니다.

강의 당일, 저는 동국대학교 강의장을 찾아가서 책 선물을 할 분들 이름을 대며 사인을 받았습니다. 그리고 결국, 앞에서 말한대로 강원국 작가와 상하이 사업가는 5월 중순에 연거푸 만나게 되었고, 서로 원래부터 알고 있었던 사이라는 걸 알게 되죠.

중국 사업가에게는 작가에게 술 한잔하자고 물어보겠다고 했고, 한국에 있는 작가에게는 술 한잔하자고 물었습니다. 맹랑한 질문으로 기적은 시작되었습니다.

저는 그해 7월 7일에 '도서출판 더클' 출판사를 창업했습니다. 사업가에게 예고했던 것처럼요. 7월 19일에는 월드옥타(세계한인무역협회) 상하이지회 초청으로 청년무역단에 세일즈 특강을 하러 갔습니다. 너무 떨려서 준비해간 강의 자료 하나 보여주지 못한 채, 데뷔전을 마쳤습니다. 곧이어 8월 2일에는 상하이 사업가의 두 번째 책《나는 한 살이다》를 출판 계약 했습니다. 그의 나이가 만으로 51세가 되는 해였습니다. 50살까지 치열하게 살아온 인생을 전반전으로 규정하고, 이제는 새롭게 태어나 1살이 되어, 예술인의 삶을 살겠다고 선포한 내용입니다. 도서출판 더클 사업자 등록증과 출판등록증에 잉크도 마르지 않은 날이었습니다.

상하이의 한 고급 호텔에서 출판계약서를 작성하는 순간에 비가 오고 있었습니다. 이제는 작가라고 해야 할 분이 계약서를 작성하는 모습을 보다가 호텔 밖으로 나왔습니다. 살포시 비가 내리는 하늘을 보며 입을 벌리고 온몸으로 비를 맛보았습니다. 꿈인지 생시인지 확인해보고 싶었습니다.

8월 15일에는 상하이에 한 번 더 가게 되었습니다. 한 달 사이에 세 번이나 상하이를 간 것입니다. 그날은 특사 자격으로 갔습니다. 중국의 사업가에게 받은 감동을 보은하고 싶은 마음에 기회를 찾은 겁니다. 출판사 창업 한 달도 안 되어 기적처럼 인연이 되고 힘을 실어준 상하이 사업가에게 감사드리고 싶었습니다. 상하이의 광복절은 우리나라에서 느끼는 광복절보다 더 크고 거창한 의미가 있습니다.

저는 한국에서 가로 30센티미터 세로 20센티미터 태극기 100개를 준비해서 상하이 사업가이자 작가님이 된 박상윤 대표가 주관하는 행사장으로 가져갔습니다. 마침 태극기가 없던 상하이 행사장이었고, 사람들은 태극기를 보고 감동 받았습니다. 박상윤 대표와 참석 인원들 모두가 태극기를 흔들고 감격하며 '대한독립 만세!'를 외쳤습니다.

설마 '광복절 특사'를 죄수의 특별사면으로 생각한 것은 아니죠? 외국으로 특별한 임무를 수행하러 가는 것도 특사입니다. 30년 전 전투경찰 전우를 만나게 해준 임무도 성공했죠. 몰래 태극기를 들고 상하이로 들어가 광복절 행사 임무도 완수했습니다.

상하이 박으로 불리기도 하는 박상윤 대표는 전북 익산이 고향입니다. 고향에는 팔순의 아버님이 건강하게 지내시고 현재도 부동산 사업을 하고 있습니다. 2014년 추석부터 명절 때마다 상하이 아들 대신 찾아뵙고 인사를 드리곤 합니다. 그리고 단 한 번도 빠뜨리지 않고 찾아뵈어 인사드리고 기념사진도 찍고 상하이로 전송합니다.

생각할수록 감사한 박상윤 형님께 방금 카톡을 보냈습니다.

'형님께 받은 게 너무 크고 많아요. 사업번창하시고 좋은 일 가득하세요. 그리고 저랑 건강한 몸으로 오래오래 끈끈한 흡연 관계 이어가시게요 ㅎㅎ.'

이상으로, 상하이로 파견되었던 광복절 특사 이야기를 마칩니다.

%?

고해성사

이제는 고백하겠습니다. 그동안 정말 죄송했습니다. 제가 넘사벽의 실적을 올리는 비법에 대해 궁금해하는 분들이 많았는데, 그 이유를 말하지 못했고 일부러 하지도 않았습니다. 하지만 지금부터 전부 다 솔직하게 말하겠습니다.

도대체 어떻게 이런 놀라운 실적을 올렸는지에 대한 이야기를, 그동안 숨겨왔던 세 가지 진실부터 말씀드리겠습니다. 제 이야기가 실적에 목마른 여러분들에게 희망, 위안이 될 수도 있을 것입니다. 혹은 어쩔 수 없는 한계를 느끼거나 금수저는 따라잡을 수 없다고 생각하며 더 무기력해질 수도 있게 될 겁니다. 이렇게 좋을 수도, 나쁠 수도 있는 정반대의 상황을 겪을 수 있다니 무슨 이야기인지 더 궁금하죠?

첫 번째로 저는, 유명한 조폭 출신이었습니다. 지역사회에서 제 이름만 대도 벌벌 떨고 제 얼굴만 봐도 하라는 대로 해야 할 정도입니다.

두 번째는 제가 명문대 의대 출신이라는 것입니다. 제 동기들과 선후배들이 많다 보니 소득 공제에 대해 설명하지 않아도 사람들이 그냥 계약서에 사인하고 입금해주었습니다.

세 번째는 제가 자산가라는 겁니다. 수백억 원을 보유하고 있는 자산가로 유명하다 보니 만약에 잘못되어도 제가 책임질 수 있겠다는 믿음이 있는 것이었죠.

이제 아시겠죠? 작은 도시에서만 일하는 제가 다른 사람들과는 비교할 수조차 없는 높은 실적으로 전국 1위를 하는지를요!

하지만 이렇게 고백해도 이 내용을 믿는 동료는 아무도 없습니다.

싸움은 아예 무서워서 못하고. 사이버대 중퇴에, 으음~ 자산가는, 마이너스 통장들로 대신하겠습니다.

이제 아시겠나요? 앞에서 말한 세 가

지에 제가 아무것도 해당되지 않다는 사실요.

여기까지가, 제가 함께 일하는 동료들 앞에서 실적 개선을 위한 특강을 진행할 때 말했던 이야기입니다. 흥미로운 시작이었는지 모르겠습니다.

저는 매주 월요일마다 전주에서 서울까지 교육을 들으러 갔습니다. 코로나로 인한 교육 취소를 제외하고 3년 동안 3회만 불참했었죠. 그렇게 매주 갈 때마다 동료들은 늘 궁금해했습니다. 어떻게 한 주도 빠지지 않고 교육에 참가하면서, 그렇게 많은 성과를 내는지를요. 동료들이 비법을 물어볼 때면, 매주 월요일에 교육에 참석해서일 뿐이라고 말하곤 했습니다. 실제로 제 비결은 그것이 전부였습니다. 한 주 동안 열심히 기존 고객과 예비 고객들을 만나고 대화하고 다니다가 월요일 교육에 참석합니다. 그리고 그동안 고객들로부터 받은 질문들을 정리해서 알아보고 투자기업들의 동향과 기업대표들의 근황도 체크합니다. 동료들의 사례들 들어보고 배운 것들을 익힙니다. 고해성사한다고 했을 때 잔뜩 기대했던 분들이 실망했을 수도 있겠지만 저는 정말 있는 그대로 말했습니다.

하지만 하나쯤은 정말 고해성사를 해보겠습니다. 동료들에게도 말하지 않은 이야기입니다. 제 실적의 비결은 '특별한 선물' 에 있습니다. 흔히 판촉물이나 사은품이라고 표현하는데 선물이라고 불러야 마땅합니다. 돈이 들어간 것은 맞고요. 이것 하나로 인해 얼마나 놀라운 결과가 나오는지, 저는 그 선물을 '위대한 선물' 이라고 이름 지었습니다. 이 위대한 선물로 1만 배, 2만 배까지 효과를 본 적이 있습니다. 이를 보면 딱 들어맞는 이름이 아닐까 합니다. 예를 들어 만 원짜리 선물로 1만 배라고 하면 1억짜리 계약이고 10만 원짜리로 선물하면 10억짜리 계약이 성사되니 얼마나 위대합니까. 그 위대한 선물을 공개하겠습니다.

1. 과일젤리
2. 방진마스크
3. 수제초코파이

과일젤리가 바로 첫 번째 '위대한 선물'입니다. 편의점에서 1,500원에 구입해서 선물로 건넸는데, 이걸 받은 공무원과 의사가 1,500만 원과 3,000만 원을 출자했습니다. 1만 배와 2만 배 효과 맞습니다.

귤맛과 사과맛 두 종류의 과일젤리는

포장이 독특했습니다. 5킬로그램이나 10킬로그램의 진짜 과일상자 같은 디자인에, 택배 보낼 때 쓰이는 전표가 붙어 있고 노란색 끈으로 밴딩까지 되어 있습니다. 사진으로 보면 영락없는 실물 과일상자입니다.

이걸 고객들에게 그냥 내밀면 재미가 없습니다. 휴대폰으로 사진을 찍어 카톡이나 문자로 만나기 직전에 보냅니다. 사진과 함께 보내는 문자에는 이렇게 적습니다.

'진작에 드렸어야 했는데요. 차에 싣고 다니다가 이제야 전달합니다. 선생님께는 꼭 드리고 싶습니다. 작지만 제 마음이니 부담 갖지 말고 받아주면 감사하겠습니다.'

빈 책상 위에 상자를 올려놓고 주위에

아무것도 없는 상태로 찍힌 사진을 본 고객들의 반응은 똑같습니다.

"아이고, 뭐 이런 걸 무겁게 직접 들고 오기까지 하고."

"고맙긴 한데요. 마음만 받을 테니 가져가 드세요."

그중에 공무원 출자자 한 명은 이런 거 받으면 김영란법에 걸린다고도 했고, 어떤 병원장님은 차 키를 주면서 무거우니까 실어주면 좋겠다고 부탁하기도 했습니다. 바로 그때, 제 양복 주머니에 넣어두었던 상자를 꺼냅니다. 가로 10센티미터, 높이는 7센티미터, 폭 6.5센티미터짜리의 과일젤리를 만납니다. 그걸 본 사람이라면 누구든 1초 안에 빵 터집니다. 병원장님 한 분은 병원 행사 때 직원들에게 다른 선물과 함께 주면 좋겠다고 합니다.

웃으면서 사기 당했다고 말하는 분도 있었는데, 자신도 주변 사람에게 주고 싶어서 구해달라고 하는 걸 보니 사기 공범이 되려나 봅니다.

안타깝게도 독점 취급하는 편의점도 품귀현상을 빚었고 급기야는 완전 품절이 되어 더 이상 구할 수가 없습니다. 편의점 측 말로는 유치원 선생님들이 대량으로 많이 구입해갔다고 합니다. 유치원 선생님들도 아이들에게 웃음을 선물하려고 했을 겁니다. 이렇게 위대한 선물은 눈으로 보고, 입으로 맛보는 것보다 더 큰 웃음으로 피로를 풀어줍니다.

또 다른 위대한 선물은 마스크와 초코파이입니다. 코로나19로 마스크 파동을 겪던 2020년 3월에 방진 마스크 2장과 전주 한옥마을 수제초코파이 2개를 우체국 택배상자에 넣고 편지와 함께 보냈습니다.

OOO님께!
한참 줄 서서 사 먹는다는
전주한옥마을 수제초코파이 맛있게 드시고,
어렵게 구한 마스크로 숨도 편하게 쉬세요.
그리고 올해도 얼른 출자신청하세요,
이까짓 '코로나' 반드시 지나가거나 우리가
이겨냅니다.
하지만 세금징수는 절대로 그냥 지나치지 않죠,
소득세! 가장 확실하고 크게 확 줄여드리겠습
니다.
방문 요청주시면 안전하게 무장하고
서류 들고 찾아뵙겠습니다.
늘 감사한 OOO님!
건강하시고 기쁨과 평안 가득하길 기도합니다.

약국에서 판매하는 마스크가 아니라 철물점에서 파는 방진 마스크였습니다. 앞이 뭉툭하게 튀어나와 숨쉬기도 편하고 여성들의 립스틱도 잘 묻지 않는 마스크였습니다. 마스크 대란 속에서 철물점에서 판매한다는 말을 듣고 얼른 달려가 그곳에 있는 60개 몽땅 구입했습니다. 택배를 받아 본 고객들의 기쁜 반응은 폭발적이었습니다.

'대박이에요. 크리스마스 선물 받은 기분입니다.'

'귀중한 선물 감동이고 능력자입니다. 센스 만점이십니다.'

'긴급구호품'

'감동의 도가니탕입니다.'

'오메오메 좋은 거'

돈으로 치자면 과일젤리보다 열 배가량 비싸다는 걸 알아서인지 계약으로 이어지는 효과도 컸습니다. 마스크를 구하기 힘들었을 때, 팍팍한 사람들의 삶에 든든하고 기분 좋은 감동이 되었습니다. 그건 돈으로 환산할 수 없을 겁니다. 기분 좋은 감동은 돈으로 환산할 수 없습니다.

이렇듯 저는 감사한 고객들에게 늘 마음을 담은 선물을 준비했습니다. 선물이랄 것도 없을 정도로 작았지만 결과는 더 엄청났고, 행복해졌습니다.

마지막 고해성사 하나 더 있습니다.

과일젤리, 방진마스크, 수제초코파이 받지 못한 분들이 90%입니다. 죄송합니다.

%?

세금폭탄 대박절세

현재 노란우산공제 TV 광고 모델은 〈미스트롯〉의 송가인과 궁예 역할로 유명한 탤런트 김영철입니다. 둘은 광고에서 미니버스를 타고 공제가입자들을 만나 인터뷰를 시도합니다.

김영철은 첫 번째 만난 젊은 대표에게 이렇게 묻습니다.

"노란우산공제 어떠세요?"

"소득공제 되는 게 너무 좋더라고요, 쏠쏠하던데요."

화면에는 자막이 크게 나옵니다.

연 최대 500만 원

소득공제

노란우산은 〈꿀〉이다.

대표는 연간 최대 500만 원의 소득공제가 너무 좋다고 말하며 미소 짓습니다. 공중파 방송 자막은 대놓고 '꿀'이라고 광고합니다.

'최대'라고 하는 말은 모두 아시겠지만 말 그대로 '최대'입니다. 어떤 경우에도 그 이상이 될 수 없습니다. 제가 만나는 사람들 대부분은 200만 원과 300만 원의 소득공제를 받는 게 최대치입니다. 그럼에도 노란우산공제에서 200만 원이 어디냐며 만족도가 높아 스스로 알아서 가입합니다. 그도 그럴 것이 200만 원의 소득공제로 인해 확정으로 80만 원 넘게 세금을 아낄 수 있으니 놀라운 일입니다. 게다가 시중 이율보다 높고 사업비도 전혀 없고, 압류도 되지 않는 공적인 제도로 정착했습니다.

사업자대표만 가입할 수 있어서 직장에 다니는 분은 입맛만 다셔야 합니다. 왜 유리지갑인 직장인들에게는 이렇게 좋은 혜택을 주지 않느냐고 따질 필요도 없습니다. 요즘 사업자들의 수입도 유리지갑과 매한가지입니다. 불법과 탈법을 시도조차 할 수 없는 세무 시스템이 자리잡은 지 오래되었습니다. 사업자지갑은 유리보다 더 얇은 셀로판지갑이 되었다고 생각해주세요.

전문직과 은행, 공무원들은 세금을 굉

장히 많이 냅니다. 일반인의 상상을 초월할 겁니다. 심한 경우는 소득의 절반이 세금입니다. 10억을 벌면 5억 원 가까이 세금이라고 하면 믿어지시나요? 열심히 치열하게 살아온 그들은, 실력 외에도 행운을 겸비하고, 제대로 된 투자도 많이 해서 돈을 벌고, 그만큼 많이 환원합니다. 알아주는 이가 없어도 정부가 알아서 세금을 부과합니다. 저는 돈을 많이 버는 사람을 존경해야 한다고 생각합니다. 그냥 편하게, 많이 벌 수 없는 구조가 된 지 오래되었습니다. 그들이, 불법이거나 부모 잘 만나서 부자라고 배 아파하고 시기하는건 아닌지 생각해봐야 합니다.

1,500만 원까지 100% 소득공제 되는 게 있다는 정보만 듣고 서울로 올라갔습니다. 개인투자조합을 처음 만났을 때 벅찬 감동을 아직도 잊을 수가 없습니다.

앞에서 언급한 노란우산공제에서 소득공제 200만 원이 어디냐고 가입하는 회원들이 있는데 1,500만 원 100%라고 하면 믿어지지 않을 정도였습니다. 게다가 1,500만 원부터 5,000만 원까지에 대해서는 추가공제로 50%가 더 되었습니다. 5,000만 원이면 3,250만 원의 순소득이 빠지는 셈이죠. 200만 원의 노란우산소득공제 혜택을 받는 과세자 기준으로 보면 열여섯 배의 혜택이 있다는 사실을 확인하고 잠을 이루지 못할 정도였습니다.

제가 2007년에 노란우산공제를 시작하면서 자신이 넘쳤던 이유는 오직, 소득공제 300만 원(2017년까지 일괄 300만 원 공제) 때문이었습니다. 정확히 그해 9월 5일부터 시작했는데 5개월 동안 단 1건의 계약만 체결할 수 있었습니다. 하지만 앞으로도 계속 안 될 거라고 생각하거나 좌절하지 않았습니다. 사람들이 아직 몰라서 안 할 뿐이고, 믿음이 가지 않아 안 하고 있다는 생각으로 부지런히 뛰어다녔습니다. 그렇게 6개월째부터는 29건의 실적이 올라왔고 지속적으로 40건 이상 체결했습니다. 가장 많이 했을 때는 한 달에 128건, 신규계약으로 월납입금 5,000만 원도 넘게 한 적이 있습니다. 전국 1위의 실적도 자주 올렸습니다.

제가 봐도 쉽게 올릴 수 있는 실적이 아닙니다. 이쯤에서, 어떻게 올릴 수 있었는지부터 말해야 되겠죠?

이런 생각을 했습니다. 아무리 좋은 것이라도, 문제가 있기 마련이고 그 문제를 해결할 수 없으면 시작하지 않는 게 좋다는 사실이죠.

'왜 정부는 이렇게 큰 소득공제를 해주는 것일까?' 라는 질문으로 시작했죠.

조세특례제한법 16조에 의해 법으로

소득공제를 받습니다. 그 법은 왜 생겼을까요. 중소벤처기업을 보호하고 육성하기 위해 만든 '벤처기업육성에 관한 특별조치법'을 보면 고민이 풀립니다.

한마디로 누이 좋고 매부 좋은 법입니다. 비슷한 표현으로 알고 있는 속담이 있는데 실제로 그 뜻을 파고들어가 보면 많이 다릅니다.

꿩 먹고 알 먹는다(꿩 입장에서 보면 기막히게 비참합니다).

마당 쓸고 돈 줍는다(돈을 잃어버린 사람의 고통도 생각해야죠).

도랑치고 가재 잡는다(가재는 죽음입니다).

벤처기업은 자금융통이 되어 기술개발에 집중하고, 마케팅과 고용증대에 도움이 됩니다. 벤처기업에 투자하거나 개인투자자조합을 통해 출자한 사람들은 소득공제가 되어 좋고 기업의 성장으로 추가 수익도 기대할 수 있습니다. 정부도 벤처 기업 활성화를 통해 자금 지원의 부담도 줄고 고용 증대에 대한 기대로 이어집니다. 결국 누이도 좋고 매형도 좋고, 사돈네와 우리 가족 모두 좋은 법이라고 판단을 내린 후 본격적으로 공부했습니다.

5,000만 원 이하 50% 소득공제였던 2014년부터 개인투자조합을 하고 있는 한국벤처경영원의 김승찬 대표를 만나는 행운을 잡았습니다. 우리나라에서 가장 정확하게 개인투자조합을 알고 있었고(박사과정수료 개인투자조합관련 박사논문제출) 가장 많은 개인투자조합을 결성하고 해산했습니다. 법학을 전공했고 대법원에서 근무, 상장법인 대표까지 지낸 경력으로 기업의 흥망성쇠에 대한 객관적 인식도 폭넓게 지녔습니다. 개인투자조합에 관한 1인자와 손잡았으니 보고 배운 대로 안내만

잘하면 되겠다는 편안한 마음이 들었습니다.

막연하게 기업이 잘 될 때까지 무조건 믿고 투자하는 것도 아니라는 사실도 좋았습니다. 투자나 출자 후 3년이 지나면 투자금을 회수해도 소득공제받은 혜택을 반납하지 않는다는 것도 큰 매력이었습니다. 개인투자조합은 3년이 지나면 조합원들의 동의를 얻어 해산을 하는데, 이 또한 만장일치로 이루어질 수 있었습니다.

12%에서 15%의 세액공제를 받는 연금저축이나 IRP도 최소 10년의 시간이 지나야 하는 것을 감안하면 3년은 금방입니다.

사람들은 소득공제와 전혀 관계가 없더라도 수익을 늘리기 위해 주식이나 부동산 투자도 합니다. 개인투자조합도 수익을 목적으로 하지만 차원이 다릅니다. 세금으로 아껴지는 부분만큼 수익이 먼저 생기는 겁니다. 채권자로 출자해서 기업이 망하지만 않으면 원금을 받는 구조가 있습니다. 벤처기업육성에 관한 특별조치법까지 시행하면서 정부가 기업들을 위해 힘을 실어줍니다. 최대한 안정적인 기업을 찾아 기업분석과 관리를 잘하면 '누이 좋고 매부 좋은' 일입니다. 기업을 잘 찾고 전문가 인맥과 함께 조합관리를 잘하는 업무집행조합원을 만난다면 의심만 할 일이 아닙니다. 참고로 저는 40개 넘는 개인투자조합에 속한 기업에 대해 설명 했습니다. 2020년 7월 현재 중소벤처기업부 승인을 받은 개인투자조합의 업무집행조합원(GP)으로 9개 조합을 결성했습니다. 주로 안내하는 기업은, 10년 이상 되고 100억원 넘는 매출기업이거나 안정을 중시하는 부동산벤처기업을 안내합니다. 출자자들이 확정으로 소득공제 받고 3년 후에 원금을 받게 되면 수익이 없어도 비교할 수 없는 수익이 생기는 것이 맞습니다.

5월이나 6월 세금 신고 때 사업자 대표들이 저에게 고마워하고, 공무원을 포함한 직장인들이 연말정산으로 환급받을 때 고마움의 인사를 전해옵니다. 오히려 제가 더 감사하고 뿌듯할 뿐입니다.

4년 연속 출자한 조합원은 이렇게 말했습니다.

"세금폭탄 맞을 뻔하다가 폭탄 해체된 기분이네. 세금폭탄 대박절세네."

%?

제목이 전부

《대통령의 글쓰기》라는 책 제목을 보고 대통령이 쓴 책이라고 생각한 사람들도 있었을까요? 확실한 것은, 대통령이 쓰지 않은 책인줄 알면서 독자들은 구입했습니다. 그중 누구도 저자가 대통령이 아니라고 해서, 작가를 고발하지 않았습니다. 그들은 실망하지 않았고, 속았다고도 여기지 않은 거죠. 말과 글로 경지에 이른 두 대통령을 모시고 배우며 8년 동안 연설문을 담당한 작가가 펴낸 책입니다. 청와대에서 대통령의 말을 담아 전하는 연설문을 담당했으니 《대통령의 글쓰기》보다 적합한 제목은 없습니다. 그 제목을 선점해버렸습니다. 이제 아무리 훌륭한 대통령도, 훌륭한 연설비서관도 그 제목은 쓸 수가 없습니다. 법적소유권에 대해 왈가왈부할 필요도 없습니다. 아무도 사용하지 않을 제목이니까요. 강원국 작가는 평생토록 아니, 후손에게도 영원히 기억될 좋은 제목의 주인공이 되었습니다.

작가가 청와대에서 8년 동안 대통령 연설문을 담당했다는 사실은 팩트입니다. 단지 일곱 글자의 제목 《대통령의 글쓰기》에는 작가의 의도와 내용이 전부 담겨 있습니다. 딱 들어맞는 제목을 찾을 확률은 로또 1등보다 어렵기도 하고 동시에 꽝이 나온 로또보다 쉽기도 합니다. 그깟 로또 1등은 45개 숫자 중에 여섯 개만 맞추면 됩니다. 순서도 없습니다. 하지만 일곱 글자의 제목 확률이 왜 어려운지 보세요. 글자 수는 일곱 개이지만 자음과 모음의 조합은 17개가 되고 순서도 맞아야 합니다. 어느 한 개가 빠져도 안 되고 더 붙어도 안 됩니다. 순서가 달라져도 이상해집니다. 머릿속으로 주판을 튕겨보면 답이 나올 겁니다. 이런 명품 제목은 영원히 나오지 않습니다.

로또 꽝이 나올 확률보다 쉽다고 말한 이유가 있습니다. 솔직히 말해《대통령의 글쓰기》라는 제목 어디를 봐서 어렵게 만들어낸 흔적이 있습니까. 8년 내내 월급 받고 청와대에서 대통령의 글쓰기하며 일했다는 자랑이 전부입니다.

여기서부터 명품 제목 짓는 팁을 말해드리겠습니다. 간판이나 상호 이름 지을 때도 마찬가지로 적용하면 됩니다. 제목이나 타이틀이 필요하다면, 먼저 현재 하고 있는 일을 나열해보세요. 그럼 맨 처음 생각난 그 이름이, 후보 1순위가 되는 게 맞습니다. 간혹 다른 사람들은 인정할 수 없는 희한하고 엉뚱한 답이 나오기도 합니다. 단어도 좋고 문장도 좋으니 세 가지만 적어보세요. 현재 하고 있는 일과 앞으로 잘하고 싶은 일로 공통점이 있다면 그곳에 초점을 맞추면 됩니다.

어느 순간 제목이 떠올랐거나 오랫동안 계획했던 제목이 있다면 그 단어와 문장에 초점을 맞춰야 그에 걸맞은 명품 제목이 나옵니다. 그 이름의 주인과 전하려는 메시지에 딱 맞는 제목이어야 합니다. 남의 제목 멋지다고 따라 해봐야 콧방귀 소리만 듣게 됩니다. 알맞은 제목이

바른 제목이고 명품 제목입니다.

《거절을 거절하라》도 명품 제목입니다. 전국을 무대로 동서남북, 지위고하, 남녀노소를 불문하고 수만 번의 세일즈 제안 중 수천 건의 계약 성공이 있었습니다. 10명을 만나 제안했고 9명은 거절했습니다. 9명의 거절을 거절했더니 10명 째에는 성공했습니다. 우연히 《거절을 거절하라》책 표지를 본 금융기관 총수가 제목이 정말 최고라며 특강요청을 했습니다. 그 뒤로 거절을 극복하는 방법에 관해 강의했고 책 주문도 받고, 강사료도 많이 받았습니다.

출판사에서 처음으로 펴내는 첫 책은 그 의미가 각별합니다. 우리 출판사에서는 기성 작가가 아니었던, 유연숙 힐링코칭센터장의 《나는 내가 고맙다》를 가장 먼저 출간했습니다. 출판사 창업은 2014년 7월 7일이고 5개월 전인 2월 24일에 유연숙 작가를 처음 만났습니다. 앞으로 사람들을 많이 만나게 될 것 같은 예감이 들어 웃는 인상, 좋은 인상을 가져 볼 요량으로 '웃음치료사' 과정에 들어갔는데, 초면인 4명이 한 테이블에서 점심 먹을 때 그중 한 명이었습니다. 유연숙 작가는 급한 일 때문에 오후 교육을 빠져야 하니 자신이 점심을 사겠다며 계산했습니다. 저는 잘 먹었다고 인사하고 명함을 요청했습니다. 그리고 한 달 뒤에 출판된 《거절을 거절하라》를 명함에 있는 주소로 보낸 뒤부터 인연이 되어 작가로 모셔서 책까지 냈습니다. 작가는 구안와사를 앓고 난 후 아직 완전히 회복되지 않은 상태에서 강사의 꿈을 가지고, 스스로의 강의 경력에 도움 될 만한 교육장을 찾아다녔습니다. 출판 계약을 하고 원고가 모두 들어올 때까지 책 제목이 정해지지 않자 우리는 서로 초조해졌습니다. 마땅하게 걸맞은 제목이 딱히 없으니 출판사가 제목 후보들을 챙겨야 했는데 떠오르지 않았습니다. 제목 미정으로 조급해지고 걱정이 태산일 때 통화를 했습니다.

유연숙 작가는, 자신이 괜히 책을 내겠다며 호들갑만 떨고 한동안 아무것도 못 한 채 원고 작업만 했던 자신을 탓했습니다. 저는 이야기도 많이 들었고, 원고 내용도 모두 아는 터라 격려와 응원을 해주었습니다.

"아이고, 작가님 왜 그렇게 약한 말씀을 하세요. 그깟 제목이 안 정해졌다고 작가님 이야기가 감동이 없는 것은 아닙니다. 구안와사가 완전하게 낫지도 않은 상태로 강사의 꿈을 꾸고 명함을 제작해 여기저기 초청을 요청하는 일을 누가 합니까. 정말 대단하세요. 제목은 계속 연구해보면 나올 겁니다. 작가님 스스로에게 고마워하고 응원해주세요. 살림만 하던 40대 후반의 아줌마가 집 밖에도 못 나갔던 시간을 털어버린 작가님입니다. 진짜 대단하세요. 많은 사람에게 용기를 주는 책이 됩니다. 오늘도 파이팅입니다!"

"됐네요. 되는 것도 없고 힘들고 책 쓴답시고 아무것도 못하고 잠도 잘 못자고 책 안낼까 싶어요. 그런데 나한테 뭘 고마워해요."

"허어 참. 아까도 말씀드렸지만 솔직히 스스로 기특해하고 자랑스럽다는 생각을 왜 안하세요. 만약에 평범하게 살았다면 고마워하지 않아도 됩니다. 그런데 어떠세요. 거울도 안 보고 집밖에도 나올 수 없었다던 창피함을 이겨내고 밖에 나와서 새로운 세상을 개척하고 있잖아요. 다른 사람이었다면 아직도 집안에 틀어박혀 있을 겁니다. 그런데도 작가님 자신에게 고맙지 않으세요?"

"그건 그러네요. 대표님 말 듣고 보니 나한테 고맙기도 하네요. 대표님이 그렇게 말하니까 대표님한테도 고맙습니다. 감사합니다."

"좋아요, 좋아! 그래야죠. 작가님과 말하면서 제목이 생각났어요. '나는 내가 고맙다'로 합시다. 어때요?"

유연숙 작가가 멈칫거리며 살짝 반대했지만 저는 밀어붙였습니다. 그렇게 제목이 결정 난 후에 다니는 교회 목사님이 스스로에게 감사할 줄 알라는 설교도 있었다면서 잘 지어진 제목으로 여기고, 확정하게 되었습니다.

이때부터 책 제목이 잘 나오지 않으면 원고를 다시 읽기보다 예비 작가들과 전화 통화를 자주 했습니다. 인터뷰 형식으로 여러 가지 질문을 하면서부터 제목이 잘 나왔습니다. '도서출판 더클'에서 나온 책 40권 중의 37권은 제가 강하게 밀어부친 제목들입니다. 합의된 제목도 있고 반대도 있었지만 강행했고 결국 저자들도 만족하는 제목이 되어 세상에 나왔습니다.

순간에 정해진 책 제목도 있습니다. 손수건을 준비하지 않은 걸 후회할 수도 있는 제목입니다. 듣자마자 여럿이 울컥하며 눈물을 보이기도 했으니까요. 딸 둘을 입양한 농학 박사님과 이야기를 하다가, 느닷없이 소리쳤습니다.

“박사님! 그걸로 책 제목 하시죠? 아니 무조건 그걸로 해요.”

“뭐로 제목을 한다는 거예요?”

“방금 말씀 하셨잖아요. ‘아빠 왜 이제 왔어요’ 그걸로 해요.”

박사님은 그런 게 제목이 되느냐고 물었지만, 저는 이보다 더 이상 좋을 수는 없다고 했습니다.

얘기인 즉슨 이렇습니다.

박사님이 큰딸을 입양하고 한 달쯤 지났을 때 딸 아이와 단둘이서 시골 한적한 길을 드라이브할 때 아빠를 보며 물었습니다.

“아빠 왜 이제 왔어요?”

뭉클한 질문에 축복의 딸을 늦게 만나 진심으로 미안했던 아빠는 대답합니다.

"미안하다, 아빠가 늦게 와서!"

전라북도 농업기술원 원예과장이자 오미자 농학박사로 유명한 김종엽 박사와 부인의 입양 이야기가 책으로 나왔습니다. 《아빠! 왜 이제 왔어요?》 이보다 더 좋은 제목이 있나요?

저는 글자 수와 관계없이 제목이 전부라고 말하고 다닙니다. '시'나 '소설'의 영역은 다를 수 있겠지만 자전 에세이나 자기계발서는 그렇습니다. 특히 첫 책에 쏟아내는 자신의 이야기는 그 사람 인생 전부를 부어놓은 겁니다. 적어도 과거의 반성과 현재의 상태, 그리고 미래의 자신을 말하는 것입니다. 제목은 그 사람 이름이고 그 사람입니다. 사람에 맞는 제목도, 이야기에 맞는 제목도 정해졌다면 나머지는 줄줄이 이어집니다. 그 사람에 딱 맞는 얼굴, 팔, 다리, 목이 그려지고 체형에 맞는 옷도 입혀집니다. 화장하고, 액세서리를 하고 손에 휴대폰도 들려있습니다. 제목이 정해지면 세상 모든 일들이 예사롭지 않습니다. 특히 어려움을 겪거나 난처한 일들이 생길 때 희한하게 잘 이겨냅니다. 원래 있었는데 드러나지 않았던 지혜와 용기가 샘솟습니다. 경험해 보세요.

40권의 책마다 저자든 제목이든 각별한 애정이 있습니다. 순간에 찾은 것도 있고 정말 오랜 시간 연구하고 쥐어 짜낸 제목도 있습니다. 흥미진진한 이야기들 지면에 모두 싣고 싶은 마음입니다. 여기서 잠깐 작가님들에게 감사 인사를 하고 넘어가고 싶습니다. 덕분에 불가능했던 많은 일들이 가능으로 바뀌었습니다. 진심으로 다시 한번 감사드립니다.

%?

안부 전화 한 번에 초코파이 OOOO개

모르는 번호로부터 사진 메시지가 왔습니다. 군복을 입은 5명의 장병이 초코파이를 들고 있는 사진이었습니다. 잠시 사진을 살펴보는 틈에 문자도 오더군요.

대표님 안녕하십니까? OO 경비단 병장 김OO입니다! 지난번에 강연 오셨을 때 대표님이 주신 책이랑 말씀들 감사했습니다.

그때 사람이 겪는 역경과 고난을, 책에 쓸 소재로 생각하면 다르게 보인다고 하신 말씀, 마음에 깊게 새겨 매일 긍정적이고 파이팅 넘치는 삶을 살고 있습니다.

코로나 19로 인해 부대원들의 기운이 빠진 상태에서 부대로 깜짝 배달된 대표님의 초코파이, 정말 감사히 맛있게 잘 먹었습니다.

초코파이를 먹으면서 온몸에 전율이 돋은 적은 입대 후 처음이었습니다. 대학생 때 전라도 지역 답사 다니면서 많이 먹었던 초코파이인데 부대에서 먹으니 옛날 생각도 나고, 고향에 계신 가족들도 생각나고 신기했습니다. 제 옆에 있던 전우들도 초코파이를 같이 먹으면서 원래 이렇게 부드럽고 맛있는 거냐고, 대표님한테 감사하다고 말씀드려야 된다고 난리였습니다!

결국 단장님께 애걸복걸해서 번호를 받아 이렇게라도 감사 말씀드릴 수 있어 영광입니다. 글만 보내드리면 밋밋할 수도 있어 전우들 그리고

초코파이와 함께 찍은 사진도 보내드립니다.

대표님! 먼 곳에서라도 항상 응원하겠습니다. 더불어 즐거운 하루 되시기를 기원합니다. 다시 한번 감사드립니다!

《독서를 명령하라》를 펴낸 배움아카데미 조석중 대표와 함께 공동경비구역(JSA)에서 특강을 한 후 중령이던 00대장과 연락하며 지냈습니다. 그가 대령으로 승진하여 어떤 부대로 발령받고 단장이 된 이후에 첫 강연자로 초청해주어 '인연'을 주제로 강의했습니다. 단장을 만난 것도 특별한 인연이 아니겠습니까. 100분 동안 PPT와 대본 없이 서로 다른 이야기로 무언가를 말했다는 사실만으로도 스스로 기특하고 대견했습니다.

그때 알았습니다. '인연'을 주제로 한 강연이라면 어떤 자리든지 며칠 동안이라도 거뜬하겠다는 자신감이 생겼습니다.

40권의 책을 펴낸 저자들의 이야기도 생생하게 기억나고 특별한 고객들과도 감탄할 사연들이 많습니다. 한 사람 한 사람 꼬리에 꼬리를 무는 인연들도 셀 수 없고 에피소드 역시 셀 수 없습니다.

부대에서의 강연을 마치고 얼마 안 되어 단장에게서 안부 전화가 왔습니다. 그 전화를 받는 순간이 전주한옥마을에 위치한 매장에서 초코파이를 사던 중이었습니다. 강연을 들어준 장병과 장교들의 모습이 떠올랐습니다. 야간경비를 마치고 쉬어야 할 시간인데도 기꺼이 청강을 지원한 장병들이 감사했습니다. 밤샘 경비에 점심 직후 강의라 많이들 졸음이 밀려올 거라고 예상했는데 딱 1명만 일어서서 뒷자리로 가서 서서 들었을 뿐입니다. 해당 부대원들은 역시 일반인들과 달랐습니다. 단장에게 그날 강의를 들었던 부대원들에게 전주초코파이를 보내고 싶다고 말하다가 전 부대원이 몇 명이냐고 물어봤습니다. 강연에 몇십 명이 참석했으니 혹시 추가되어도 그 수의 2배면 될 줄 알고 호기롭게 물었죠.

"0000명인데요. 괜찮습니다. 마음만 받겠습니다."

그렇다고 정말 마음만 보낼 수는 없어서 초코파이를 보내게 되었습니다. 병장에게는 문자도 보냈습니다. 그가 자기 인생의 주인공이 될 것이라는 덕담과 함께 전역하거든 꼭 전주에 놀러 오라고도 했습니다. 전주비빔밥 대접하겠다고 했죠.

우리는 누구나 처음 만납니다. 태어날 때 부모도 형제도 처음이고 처음 만나는 모든 사람과 처음입니다. 선생님도,

친구도, 선후배도, 직장 동료와 상사도. 처음 만난 이후로 많이 친해지기도 하고, 덜 친해지거나 친하지 않거나 합니다. 공동경비구역에서 만난 대대장과 처음 만난 이후 연락을 주고받았습니다. 점점 자주 연락하게 되고 근황을 알면서 서로 응원하며 지냈습니다. 그가 JSA 대대장으로 있을 때 뉴스에도 나오기도 했습니다. 많은 분들이 알고 계신 그 사건, 총상을 맞은 북한군 병사의 귀순으로 공동경비구역이 발칵 뒤집힌 때입니다. 그때 대대장은 부하를 투입하지 않고 직접 낮은 포복으로 북한군 병사의 신병을 확보해 아주대병원으로 후송했습니다. 저는 신문에도 보도된 기사를 스크랩해서 대대장에게 카톡을 보냈습니다. 겉으로 보기에는 완전히 남자다운 그가, 겸연쩍어하며 부대원들에게 공을 돌렸습니다. 우리는 그렇게 경사스러운 일을 지나치지 않고 함께

기뻐했습니다. 더욱 친해지게 되었죠. 훗날 그와 만남이 이루어진다면 어떻게 되겠습니까. 우리 둘은 역시 친해질 것입니다. 다른 장병들과도 마찬가지입니다. 초코파이 한 개로 추억도 생기고 강력한 인연의 끈도 연결되었습니다. 지면을 빌어 대한민국 모든 국군장병들에게 감사드리고 싶습니다. 불가능할 것 같은 꿈을 위해 달려갈 수 있도록 국방을 든든하게 해주어서요.

단장이 장병들에게 교육할 때 전했다는 내용을 소개하고 마치겠습니다.

위기는 예상치 못한 순간에 찾아오고
준비된 자는 그 위기를 의연히 대처한다.
운과 우연에 의지하고 기대하지 말아야 한다.
왜냐하면 위기는 준비된 자와 준비되지 않은
자 모두에게 찾아오기 때문이다.
다만 그 시기를 모를 뿐이고 아직 일어나지

않았을 뿐이다.

지금껏

살아오며 겪었던 어려움을 위기라 말하지 말라

장수로서 겪을 위기는 그런 게 아니다.

제 모든 걸 거는 수준이 아니라

함께 하는 형제를 모두 담보로 내어놓아야 할 거다.

그게 장수에게 찾아오는 위기다.

준비되어 있느냐?

%?

5초도 길다

5초도 짧지 않습니다. 5초면 충분합니다. 시계를 봐도 좋고 휴대폰으로 5초의 시간을 재보셔도 됩니다. 눈을 감고 다섯까지 세어 봐도 좋습니다. 어떠세요? 5초가 정말 그저 '순간'이고 '찰나'처럼 느껴지나요?

저는 5초가 순간이 아니라는 사실을 잘 알고 있습니다. 누군가를 처음 만났을 때, 5초 안에 어떤 말을 전하는 일을 날마다 하고 있기 때문이죠. 안내하고 판매하는 아이템이, 눈에 보이는 상품도 아닙니다. 잘 만든 유튜브 영상을 보여주는 것도 아닙니다. 쇼킹한 퍼포먼스를 하지도 않습니다. 그저 잘나가는 벤처기업을 위해 투자자가 되어주길 요청하는 일입니다. 500만 원부터 많게는 5,000만 원까지 투자를(그 이상을 투자하는 고객들도 더러 있습니다.) 해달라는 것입니다. 코스피나 코스닥에 상장이 된 기업이 아닌 중소벤처기업에 투자를 요청합니다.

벤처라는 말 자체가 모험이고 위험하다고 인식된 상황입니다. 게다가 잘 알지도 못 하는 사람에게 거액을 입금하기란 쉽지 않습니다. 듣는 사람도 모든 게 귀찮고 바빠서 제가 하는 말을 듣기도 싫을 겁니다. 이런 고객들의 반응이 잘못된 것도 아닙니다. 차분하게 제대로만 전달하면 승산이 매우 높은 확률입니다. 결국, 기회만 만들면 됩니다. 저는 그 기회를 가질 수 있는 시간을 '5초도 길다'고 표현하고 싶습니다.

하지만 처음 만나는 사람에게, 잘 알지도 못하는 일에 대해 얘기하는 일인데 좋은 기회가 쉽게 주어질까요? 가장 먼저 할 일은 만나서 안내하는 것입니다.

"3,000만 원까지 100% 소득공제 되는 게 있는데 아세요?"

이 안내는 딱 3초 걸립니다. 고객들은 모른다고 하거나 손을 휘휘 저으며 관심 없다고 합니다. 그러면 저는 한마디만 더 덧붙입니다.

"꼭 알아보세요. 10년도 넘은 제도이

고 정확하게 알면 고객님께 크게 도움 됩니다."

이건 좀 길어서 4초 걸렸습니다. 기적 같은 일은 첫날부터 시작되기도 합니다. 잠재 고객에게서 대답이 돌아올 때죠.

"아 맞다! 그런 거 있다는데 알려줘 봐요."

기적은 기적일 뿐, 이런 일이 있었지만 거의 없습니다. 기대도 안합니다. 재방문을 해서 다시 묻는 수밖에 없습니다.

"알아보셨어요?"

이 멘트는 시간을 잴 틈도 없는 거 아시죠? 이런 질문을 던지면 대부분 사람은 "뭘요?"라고 대꾸합니다. 저는 1차 방문 때도 2차 방문 때도 고객들의 시간을 빼앗지 않았습니다. 그들은 제가 다녀갔는지 관심도 없고 기억도 못 합니다.

3차, 4차… 10차… 20차 방문 때도 그저 아주 짧은 질문만 던집니다. 그러는 동안 조금씩 더 출자자들 이야기를 들려줍니다. 소득공제로 인해 세금을 덜 내거나 환급받은 사례도 말합니다. 3년이 지나 조합 해산이 되어 돌려받은 돈으로 재출자한 사람의 이야기도 합니다. 덧붙여 제가 14년째 소득공제 안내를 하고 있다는 이야기는 누구에게나, 되도록 많이 합니다. 고객들의 시간을 뺏지 않으면서도, 핵심만 빨리 전하려고 부단히 연구했습니다.

예전에는 1초 만에 전달한 기록도 가지고 있습니다.

2005년에 친한 형과 함께 고급 가구

점을 운영한 적이 있습니다. (현재 친한 형은 기관의 고위직으로 근무 중) 가구 거리였으니 뜨내기손님도 많았습니다. 방문하는 고객들 숫자는 하루 평균 10명 내외. 저는 그들에게 한마디 말도 없이 고급소파를 판매했습니다. 판매하는 데 드는 시간은 그저 1초면 충분했습니다. 그 방법은 이렇습니다.

A4용지를 절반으로 잘라서 16글자와 기호 1개(숫자 7, 영어스펠링 3, 한글 6, 기호 1)를 꽉 채워서 적어놓은 게 전부였고 16글자를 읽는 시간은 순간일 테니까요. 읽는다기보다 보이는 것이니 1초도 안 걸린다는 말이 맞겠네요. 그렇게 글씨만으로, 한마디 말도 하지 않고 꽤 값나가는 소파를 많이 팔았습니다.

2006년 봄, 어느 날에는 196만 원짜리 소파를 하루에 6개를 팔았습니다. 같은 공장의 같은 모델이었고 심지어 색상도 같은 제품을 말이죠. 70평밖에 안 되는 매장에서요.

가로 3미터 20센치미터, 너비 1미터의 소파가 매장에 처음 들어온 날 어쩐지 느낌이 좋았습니다. 왠인지 모르게 많이 팔릴 것만 같고, 아니 잘 팔 것 같았죠. 실제로 처음 봤을 때 눈에 띄게 애정이 가는 제품들은 확실히 판매가 잘 되었습니다. 사람들이 좋아할 것 같은 대중성보다, 저에게 꽂히는 느낌이 들면 다른 사람들도 좋아할 거라는 믿음이 있었다고나 할까요. 내가 반한 제품이니 당연히 고객들도 반해야 한다는 다소 억지스러운 기분도 한 몫을 했나 봅니다. 이렇게 자신 있게 말하는 이유는, 실제로 그런 제품들은 고객들 집으로 상당히 많이 옮겨졌기 때문입니다. 고객들이 돈을 지불하고 배달 요청을 한 거죠. 자신감이 생기는 제품은 설명할 때 목소리부터 달라집니다. 일정 가격 이상의 제품들의 품질은 대동소이합니다. 그렇다면 판매량도 비슷해야 하는데 그렇지 않습니다. 품질과 가격, 모양새가 비슷한데도 잘나가는 제품은 계속 잘나가고 인기가 있습니다. 정말 좋은 제품이라고 침이 마르도록 칭찬하지 않아도, 고객은 알아서 눈치챕니다. 제 목소리가 저도 모르게 신호를 보내는 것이고, 고객들도 같은 주파수에서 벗어나지 않나 봅니다.

A4 절반 사이즈에 사진도 없이, 20글자도 안 되는 글을 썼을 뿐인데, 고객들은 그냥 지나치지 않습니다, 한마디씩 물어보고 흥정하려 합니다. POP 한 장을 별거 아니라고 여기면 정말 별것도 아니지만, 효과를 본다면 뛰어난 역량의 직원이 말없이 근무하는 것과 같은 일이 됩니다. 크게 힘들이지 않고도, 자연스럽게

고객의 관심이 생기는 일에 더 많은 연구를 하게 되고요. 저는 생각나는 대로 즉각 POP에 글씨를 썼고 반응을 체크했습니다. 반응을 보이는 횟수와 사람들의 정체 시간을 봐가며 끊임없이 업그레이드했습니다. 그렇게 실행해가면서 성장했습니다. 날마다 한 글자라도 더 줄이고 글자 크기는 더 키울 수 있는지 보고 또 봤습니다. 글자의 숫자는 줄여도 글자에 '점' 하나는 넣어보겠습니다. 점 하나의 차이가 얼마나 큰 줄 잘 모르시죠?

'빚' 에서 점 하나를 넣으면 '빛' 이 됩니다.

책표지에 써있는 불가능한 IMPOSSIBLE에 점 하나가 찍히면 I'M POSSIBLE이 됩니다.

고질병에도 점하나가 찍히면 고칠병이 됩니다.

한 글자 줄이고, 점하나 붙이는 노력은 오직 쉽게 알리기 위함입니다. 진열을 자주 바꾸는 이유도 어느 진열이 좋은지를 계속 연구하기 위해서였습니다. 바꾸는 게 재미있고, 반응을 살피고 연구하는 게 행복했습니다.

그렇게 즐겁게 일하던 가구점은, 안타깝게도 그만두어야 했습니다. 교통사고를 당한 이후 가구 배치 변경과 소파 이동을 할 수 없는 몸이 되어 즐겁지 않았거든요.

그때 못다한 즐거움을 지금 더 많이 즐기고 있습니다. 무거운 것을 들지 않아도 되어 몸도 힘들지 않습니다. 글자 수를 줄이고 점하나 넣고 빼고를 연구하면서 고객들의 5초마저 줄이기 위해 연구합니다.

Unerri
Impossibl

2장

느리게 살기

%?

준비기간 47년

극적으로 계약서까지 내밀던 순간, 문제가 생겼습니다. 첫 만남에도 친근하고 편하게 대해주던 회장님과의 이야기입니다. 상하이 신문사(상하이저널)편집국장의 소개로 만나게 되어 출판 관련 이야기를 나눌 때만 해도 분위기는 좋았습니다. 하지만 계약을 체결하는 것은 별개의 문제였습니다. 처음부터 계약까지 이어질 것이라고는 생각하지 않았지만 첫 만남이 마지막 만남이 될 것 같은 느낌이 드는 순간이었습니다.

성공한 사업가에게는 출판 의지가 있었고, 출판사는 어떻게든 계약을 체결하려는 의욕이 있었으니 일단은 잘 만난 것이었습니다. 분위기는 당연히 좋았는데 준비해간 계약서가 문제였습니다. 회장님은 테이블위에 놓인 석 장짜리 계약서를 밀치면서 거부의사를 분명하게 밝혔습니다. 이 정도 비용을 들여서 출판하고 싶은 생각이 없다고 말합니다. 솔직히 말해서 비용을 쓰지 않고도 책을 내주겠다는 출판사와 잡지사도 많다고 합니다. 실제로 신문과 잡지에 실린 인터뷰기사만 해도 방대했습니다. 기관과 대학 강의한 자료도 많습니다. 그런데 이 왕초보 출판사는 저자가 부담해야 할 비용을 기재한

계약서를 들고 간 겁니다.

A4 3장짜리 계약서가 밀쳐지는 순간 아찔했습니다. 동행한 편집장과 다른 직원 앞에서 창피함도 느꼈습니다. 이대로 인사하고 일어서면 회장님과는 완전하게 멀어질 거란 예감이 들었습니다. 방송 출연도 자주 한 스타 기업가입니다. 출판사가 오히려 선인세를 주면서라도 모셔야 할 예비저자와 남남이 되는 순간입니다.

"회장님의 책을 욕심껏 최상으로 만들고 싶어서 제안을 드린 겁니다. 혹시 예상했던 비용과 달라서인가요."

"아니, 내가 뭐 대기업 회장도 아니고 나한테 책 내라고 하고 책 내주겠다는 곳이 많은데 상하이저널국장님 소개도 있고 해서 어지간하면 내보려고 했는데…."

말꼬리를 흐릿하게 하는 회장님과 달리 단호하게 말했습니다.

"비용이 문제라면 얼마면 되겠습니까?"

"꼭 돈이 문제가 아니라…."

"아까도 말씀드렸지만 회장님 책은 최상으로 출판되어야 합니다. 혹시 독자들은 몰라도 회장님이 만족하고 자랑스러운 책으로 세상에 나와야 한다고 생각합니다. 저희에게 맡겨주시면 결코 돈이 아깝다는 생각이 들지 않도록 할 자신이 있습니다."

그냥 하는 말이 아니었습니다. 한 권의 책이 나오기까지 돈으로 환산할 수 없는 여러 문제들이 있습니다. 전문적으로 글을 쓰는 프로작가들의 책이 아니지 않습니까. 어쩌면 계획에도 없었을 생애 첫 책이 세상에 나오는데 어설프게 대충 펴낼 수는 없습니다. 한 사람이 살아온 삶을 송두리째 한 권으로 집약하는 일을 과연 얼마의 돈으로 환산할 수 있겠습니까.

책은 그냥 만들어지지 않습니다. 금형으로 똑같이 만들고 저자의 이름과 제목만 바꿔치기 해서 나오는 공산품이 아닙니다. 제목, 표지디자인, 색상, 페이지, 크기, 종이 재질, 인쇄소, 글씨 크기, 본문 글씨 색상, 사진 유무, 장르, 내용. 같은 게 하나도 없습니다. 지은이로 들어가는 저자 역시 전무후무한 인물 단 한 사람입니다. 그 한 사람의 첫 책이 당사자인 저자의 마음에 쏙 들게 제작하는 문제를 돈으로 환산한다면 얼마면 될까요.

근거 없이 많은 비용을 청구한 게 아니었습니다. 합리적인 금액이었고 마케팅까지 염두에 둔 비용이라는 말까지 했습니다. 저자에게 지급하는 인세와 초판 부수로 협상이 가능하다는 말로 의견을 나누고 싶다고 했습니다. 길지 않은 시간에 다시 웃음꽃이 피워졌습니다. 절충안에 합의한 회장님은 밀어놓았던 계약서를 다시 끌어당겼습니다. 석 장중에 마지막 한 장 맨 아래 서명만 하면 계약은 체결되는 순간이었습니다. 서명 직전에 펜을 잡은 채로 고개를 들면서 물어왔습니다.

"근데 우리 유 사장님은 출판사 한 지 얼마나 되셨나?"

2014년 7월 7일에 출판사업자등록을 한 그해 가을이었으니 몇 달도 안 된 시기였습니다.

"네, 출판등록을 한지는 아직 1년이

되지 않았습니다."

"……."

말이 없던 회장님은 잡고 있던 펜을 내려놓았습니다.

"내가 책을 내기는 내도 1년도 안된 출판사에 내 첫 책을 내는 것은 좀 그러네… 내가 다음 책은 '더클 출판사'에 내더라도 첫 책은 알고 있던 출판사에 내야겠네요."

거부했던 첫 거절과는 차원이 다른 문제였습니다. 직원들 앞에서 창피한 게 문제가 아니었습니다. 두 번째 책을 위해서라도 정중하게 감사 인사를 드리고 그 자리를 벗어나는 게 맞는 순서였습니다.

"네, 맞습니다. 회장님! 1년도 안 된

출판사 맞습니다. 사업자 등록을 한 지는 1년이 안 됐지만 제가 출판사를 하기 위해 준비한 시간은 47년입니다."

1년도 안 된 출판사에 맡기지 않겠다는 말에 즉시 나온 말입니다. 그때 제 나이가 47세여서 47년이라고 했습니다. 말하고 나서도 우스웠지만 준비기간 47년은 우길 수도 있겠다는 자신이 생겼습니다. 어릴 적부터 글자를 가지고 노는 걸 좋아했고 글쓰기를 좋아했습니다. 이야기도 잘 지어냈습니다. 남의 이야기와 글을 바꿔치기하는 것도 좋아했습니다. 정확하게 기억납니다. 초등학교 3학년 때부터 어린이 신문을 봤고 소년중앙이라는 어린이 잡지를 봤습니다. 1977년 시골 마을에서 흔하지 않은 일입니다. 소년중앙 앞표지부터 뒤표지까지 한 글자도 빼놓지 않고 읽었습니다. 당연히 인터넷은 세상에 없었고 TV도 없는 집이 더 많을 때였습니다. 소년중앙잡지에 나오는 서울 아이들은 옷도, 얼굴도 달랐습니다. 놀라운 세상, 새로운 세상을 만난 거의 유일한 시골 아이였습니다. 만화 그림이 나오는 페이지는 반투명 종이를 대고 그림을 똑같이 그렸습니다. 대화를 포함한 지문들은 모두 바꾸는 장난도 많이 했습니다. 엉뚱하게 써놓고 혼자 낄낄거리며 웃곤 했습니다. 초등학교 졸업할 때까지 천 권 이상의 만화책도 읽었습니다. 몰래 밤새 만화를 봤고 수업시간에는 졸거나 잤습니다. 어릴 때부터 우리나라에서 잘못 태어났다는 생각을 많이 했습니다. 시차가 맞지 않는다고 하면서 말이죠.

제 말이 그렇다고 하더라도, 적어도 10살 때부터 해왔으니 37년 준비했다고 해야 맞는 말일 텐데 전혀 준비 없이 대답했더니 '47년' 이라는 준비 기간이 나온 것입니다. 놀라운 즉석 답변에 회장님의 반응은 더 놀라웠습니다.

"오오! 좋아. 그럼 됐어. 47년을 준비한 출판사라는데 무슨 말이 필요해!"

마지막 서명을 마치면서 또 놀라운 말씀을 합니다.

"출판사 그거 돈도 못 버는 일일 텐데 때려치우고 우리 회사 와서 임원하고, 나랑 양변기 사업하지!"

"출판사를 하기 전에 회장님을 만났더라면 분명히 회장님과 무보수로라도 일했을 겁니다. 47년 준비한 출판사부터 잘 하면서 회장님 사업에 서포터즈가 되도록 하겠습니다."

저는 이렇게 정중하게 답하고 직원들

과 출판사로 향했습니다. 그날 이후부터 출판사를 준비한 기간은 제 나이 따라 길어지고 있고, 계속 그렇게 말하고 다닙니다.

"출판사업자를 낸 지는 7년밖에 안되었지만 출판사를 하기 위해 준비한 시간은 53년 되었습니다."

%?

양변기와 함께 춤추는 CEO

8개월 동안 월급을 받지 않고 일한 사람이 있습니다. 불법 아닌지 의문이 드는 분도 계시겠지만, 회사에서 주지 않은 게 아닙니다. 신입사원이 처음부터 월급을 받지 않겠다는 조건으로 입사를 한 것이었지요. 그가 가진 석 장의 퇴학예정통지서 때문만도 아니었습니다. 4년제 대학 졸업자만 입사할 수 있는 무역회사에 들어가고 싶은데, 2년제 전문대 출신으로는 입사가 될 것 같지 않아 면접 때 사장에게 직접 부탁한 것입니다.

"월급은 안 주셔도 됩니다. 청소도 하고 심부름도 하겠습니다. 일을 배우고 싶습니다."

그리고 의도대로 정말 입사할 수 있게 되었습니다. 그런데 언젠가부터 회사 사정이 어려워지면서 직원들이 한 명씩 그만두기 시작했습니다. 하지만 사람들이 그만둘 때마다, 그는 점점 사장님의 오른팔에 다가갈 수 있을 거라는 생각 때문에 기쁜 마음마저 들었습니다. 그리고 시간이 지나 드디어 사장님의 완전한 오른팔이 되었습니다. 직원이 전부 다 나간 회사였으니 오른팔만 했겠습니까. 사장님과 라면을 끓여 먹으며 말합니다.

"사장님! 걱정하지 마세요. 제가 회사를 일으켜 세우겠습니다."

큰소리만으로 끝내지 않았습니다. 9개월째가 되었을 때는 그동안 받지 않았던 월급까지 모두 받았습니다. 소위 초대박을 터트리면서 기울었던 회사를 번듯하게 일으켜 세웁니다. 쉽지 않은 과정이었지만, 공부해서 회사를 더 키우기 위해 대학교에 입학했고, 졸업 후에는 창업을 했습니다.

이 남자는 바로 ㈜인터바스 박현순 회장입니다. 양변기와 사랑에 빠져 양변기를 끌어안고 춤을 추겠다는 남자입니다. 47년간 출판만 준비했다는 제 말에 오케이하며 출판을 계약한 저자이기도 하죠.

지금으로부터 40년 전, 화장실은 집

밖에 멀리 떨어져 있었습니다. 그는 앞으로의 화장실은 집 안으로 들어올 것을 예상하고 양변기 사업을 꾸리게 됩니다. 변기를 사다가 판매하는 유통이 아니었습니다. 컬러와 예술로 승화시킨 양변기 공장을 차렸습니다. 오직 흰색으로만 만들어졌던 양변기가 무지개색으로 세상에 나왔고 꽃 그림과 디자인이 가미된 양변기가 선을 보입니다. 중국에 진출해서는 중국의 부자들을 매혹시켰습니다. 우리나라도 명품아파트와 랜드마크 빌딩, 호텔 등에 그가 만든 인터바스 양변기가 들어갑니다. 디자인만 멋지게 만드는 게 아니라 물 절약 프로젝트도 대성공을 거둡니다. 13리터가 넘게 빠져나가는 물을 6리터로 줄였고 또 줄이고 줄여 3.5리터로 낮추었습니다. 물 부족 국가가 된 우리나라가 애국자를 제대로 알아보았는지, 환경부장관상과 대통령표창, 자랑스러운 한

국인상도 받습니다. 중국 상하이에서 한인회장을 역임할 때는 한국학교 학생들에게 수억 원의 물품과 장학금도 기부했습니다.

20대 청년 시절 무역회사에 입사하면서 월급을 받지 않고 일하겠다는 각오를, 60이 넘은 지금이 되어 다시 한번 각오를 다집니다. 40년 전에는 월급 없이 일했고 지금은 수입이 없더라도 일하겠다고 선포합니다. 남자로 태어나 조국을 위해 족적을 남겨야 한다는 거창한 각오까지 발표합니다. 사업으로 성공하게 된 공을 우리나라여서 그랬다고, 시대를 잘 만났다고, 운이 좋았다고 말합니다. 자신의 인생에 큰 획을 긋게 해준 대한민국을 위해, 화장실 문화를 위해, 세계적으로 상징성 있는 무언가가 있어야 한다고 합니다. 세계 최초이면서 단일규모로는 세계 최대 규

모의 화장실 테마파크를 건설 중입니다. 서울도 아니고, 수도권도 아닌 곳에서 새 역사를 건립하고 있습니다. 충북 음성군 대소면 부윤리 1만 5,000평 위에 '바스엑스포'가 꿈처럼 펼쳐지고 있습니다.

상상할 수 없는 공간이 연출되고 있습니다. 어차피 사람들은 상상할 수 없습니다. 우리는 퇴학예정통지서를 한 장도 받아본 적이 없습니다. 우리는 한 달이라도 월급을 받지 않고 직장 생활을 해본 적도 없습니다. 회사가 어려워지면서 동료들이 모두 떠난 회사에서 사장님한테 걱정 말라고 한 적도 없습니다. 도저히 돈을 벌 수 없다고 판단되는 위치에 수백억 원을 투입하면서 수년간 고생하지도 않습니다. 금리가 아무리 낮다고 해도, 그가 가진 재산의 예금 이자 수입으로만 계산해도 억대 수입이 될 텐데 안정을 거부합니다. 일하는 게 행복하다고 말하며 끊임없이 돈과 열정을 붓고 날마다 양변기 전시를 합니다.

회장님은 무조건 된다고 말합니다. 그냥 되는 게 아니라 잘 될 수밖에 없다고 합니다. 잘 될 때까지 계속하겠다고 강조하고 한 번도 이루어질 수 없는 확률에 대해서는 말하지 않습니다. 그에게 불가능한 확률은 제로이고 가능한 확률은 100%입니다. 반드시 100% 잘 될 일에 나까지 숟가락을 얹어주었습니다. 해외바이어와 해외교민들을 초대하고 민관협의체 구성을 추진하는 업무를 맡겨준 것입니다.

바스엑스포 현장 건물 한 동에 글로벌 문화센터를 개소했고 저는 초대센터장이 되었습니다. 무역협회 실무 강의를 하는 남동생과 해외 인맥이 좋은 여동생, 한인회 회장단들과의 친분이 있으니 그냥 하면 되는 일 아니겠습니까. 게다가 충청북도라면 더클 출판에서 책을 펴낸 (전)도의회의장님도 있고 충복도청과 청주시청에도 지인들이 있으니 역시 그냥 하면 되는 겁니다.

회장님과 처음 만나던 날 나눈 대화가 늘 기억나는데 어떻게 함께 안 할 수가 있겠습니까.

"출판사 돈도 못 버는 일이니까 우리 회사에 와서 임원하고, 나랑 평생 함께 일하자!"

그때 저는 폼 나고 정중하게 거절했지만, 동시에 회장님에게 반해서 충실한 서포터즈가 되겠다고 했던 말을 아직도 지키고 있습니다. 어떻게든 잘 될 때까지 계속 하면 됩니다. 이보다 확실한 확률이 또 있나요?

여기서 잠깐!

《양변기와 함께 춤추는 CEO》책 제목이 변경된 사연이 있습니다. 박현순 회장님은 대학과 기관에서 강연하면 꼭 전하는 말이 있습니다. 자녀들에게 유언을 남겼다는 내용인데요. 세상을 떠나는 날 자신의 묘지에 꼭 양변기를 함께 묻어달라고 했다고 합니다. 신문 기사에 실린 강연 내용을 보다가 퍼뜩 책 제목이 떠오른 것입니다. 얼른 디자이너에게 전했죠, 양변기에서 '변' 자 받침 'ㄴ' 자를 공중화장실 변기를 묻고 양변기 글자 위에 묘지를 올린 책표지 만들어보라고 했습니다.

그 표지를 회장님께 보여드렸더니 좋아했습니다. 강연 때마다 했던 유언 이야기도 기억났을 테고 제목도 임팩트 있다고 생각했던 거죠, 그런데 시간이 지나 인쇄를 해야할 때쯤 전화가 옵니다.

"내가 아직 환갑도 안 되었는데 벌써 묻히는 것은 좀 그렇지 않나? 벌써 묻히긴 싫어. 안 묻히는 걸로 바꿔줘봐."

원래의 책제목은《양변기와 함께 묻어다오》였습니다.

이렇게 전화 한 통화로 땅속이 아닌 땅 위로 올라와《양변기와 함께 춤추는 CEO》가 되었습니다.

%?

즐겨도 못 이긴다

〈조금 뜬금없지만 블록버스터의 대명사가 된 007시리즈 얘기를 해볼까 합니다. 첫 작품이었던 〈007 살인번호(Dr.no)〉의 각본은 많은 영화사에서 숱하게 거절당했다고 합니다. 할리우드 영화사들은 이 소설이 너무 영국적이어서 텔레비전 시리즈물로도 부적합하다고 판정을 했습니다. 10여 년간 별 성과가 없자 원작가인 이언 플레밍(Ian Fleming)은 영화제작 경력도 없고 심지어 문제도 많은 두 명의 프로듀서에게 제작권을 넘겼습니다. 한 명은 본인의 영화사가 막 파산한 사람이었고, 다른 한 사람은 영화제작 경험이 전혀 없던 사람이었습니다. 첫 작품 탄생까지도 우여곡절 그 자체였습니다. 제작진이 처음 고용한 작가들은 원작의 악당을 사람의 어깨에 앉은 지능 높은 원숭이로 바꿔 놓았습니다. 이후에 참여한 작가는 작품이 마음에 들지 않는다면서 자신의 이름을 엔딩 크레디트에서 지워달라고 했습니다. 주인공 '후버'로 거론되던 대여섯 명의 배우도 모두 배역을 거절했습니다. 제작진은 배우가 되기 전에 우유배달 트럭을 몰던 무명 배우를 선택할 수밖에 없었습니다. 그리고 대도시에서 영화를 개봉하기 어렵다는 판단하에 미국 오클라호마주와 텍사스주 자동차 극장에서 처음 개봉했습니다.

결과를 따로 설명할 필요는 없겠죠. 완전히 성공했습니다. 여기서 제가 늘 드리는 조언이 떠오릅니다. 열심히 하는 사람은 즐기는 사람을 이길 수 없습니다. 하지만 즐기는 사람조차도 계속하는 사람을 이길 수는 없는 노릇입니다. '코로나 19' 때문에 많은 직장인과 자영업자의 하소연과 고민을 듣습니다. 상황은 다르지만 제 대답은 한결같습니다. 어려워도 힘들어도 계속 가는 겁니다.〉

그렇다면 여기서 저는 어떨까요? 즐기는 사람조차도 계속하는 사람을 이길 수 없다고 하는데, 즐기면서 계속하니까 무지무지 잘하고 있고, 좋은 거 맞죠?

솔직히 정말로 열심히 하는 사람만큼은 못 하기도 하고, 안 하기도 합니다. 객관적으로 털어놓는 겁니다. 어떻게 보면 거의 게으른 수준인데도, 남들은 저를 보고 부지런하다고 합니다. 심지어 나보다 부지런한 사람을 본 적이 없다고도 합니다. 함께 자취를 하고 전국을 동행하며 일했던 친구들은 말도 안 된다는 진실을 알고 있습니다. 다행스럽게도 책을 낸 작가들이나 투자 고객들이 제 친구들과 만날 일은 없습니다. 거의 불가능한 확률이라고 예상됩니다.

하지만 친구들도, 작가들도, 투자 고객들도, 공통적으로 인정하는 사실이 있습니다. 인정해주지 않아도 상관없습니다. 내가 즐기는 걸 계속하고 또 즐기고 또 계속 일하는데 인정을 주든 말든 상관하지 않죠. 즐기려고 노력도 안 하고 계속하려고 마음먹지도 않습니다. 그냥 즐거워서 계속하는 일인데 무엇을 따로 생각까지 해야 하고 말고가 있겠습니까. 조금 진지하게 생각해보니까 인정을 너무 많이 받아서 더 이상 받지 않아도 될 정도인가 봅니다.

프롤로그에서도 했던 말입니다. 출판사에서 근무해본 적도 없고 꿈도 아니었던 제가 출판사를 창업해서 40권의 책을 냈습니다. 최근 2년 동안 단 1권의 책도 펴내지 않았는데도 서울의 출판사 사무실을 유지하고 있습니다. 폐업하지 않았고 임대료는 계속 나갑니다. 출간된 40권의 책이 꾸준하게 팔려서 유지하는 것도 아닙니다. 출판사 매출로는 내 월급도, 임대료도 모자랍니다. 모자란다고 하니까 조금 부족한 정도로 생각할 수 있겠군요. 온·오프라인 전국 서점을 모두 합해서 한 달 수금액으로 5만 원이 들어온 적도 있습니다.

몇 달 뒤에 초대형작가의 책이 나온다

는 희망으로 버티는 것도 아닙니다. 오히려 그런 불가능한 일이 생기면 강하게 저항을 할 겁니다. 만약에 그런 초유의 사태가 벌어지면 즐기던 내 삶은 그때부터 망가진다고 결론을 내린 지 꽤 되었습니다. 상식적으로 생각하면 답이 나옵니다. 초대형 작가는 대형출판사에서도 갑중에 갑일 겁니다.

존경받고 역량 있는 지역사회의 저명한 유지가 저를 '갑질하는 출판사 대표'로 소개한다는 말도 했었습니다. 갑질해보지 않은 사람이라면, 이를 설명해도 알 수 없습니다. 경험하지 않고는 전혀 알아챌 수 없는 희열이 있습니다. 한번 갑질한 사람들은 갑질로 얻는 카타르시스를 놓치기 싫어서일 겁니다. 대단한 사람들로부터 갑질 대우를 받아보며 즐겁고 행복한데 누가 누구에게 '을'이 되고 싶은 마음이 생기겠습니까. 유명하고 대박 낼 수 있는 작가가 와서 계약서 쓰고 공증이나 한다고 하면 조금 생각해볼 문제라고나 할까요. 아무튼 관심 없습니다. 저는 이미 행복한 '갑'으로 살고 있기 때문입니다. 감사한 이들 한 명, 한 명에게 보답할 시간도 모자랍니다. 나보다 '더 높은 갑'으로 지내며 살고 싶습니다.

2007년 9월부터 '소득공제 300만 원' 키워드 하나만 보고도 가입하고, 저를 인정해준 수천 명의 고객들. 1,500만 원 100% 소득공제였던 시절부터 3,000만 원 100% 공제가 된 지금까지 수백 명의 출자자, 100억 가까운 펀딩 금액을 떠올려 봅니다.

좋은 걸 저 혼자 즐기는 게 아닙니다. 소개해주는 동시에 더 즐겁게 일할 수 있도록 만들어 주는데, 이런 제가 일을 그만

둬야 할 이유가 혹시 있나요?

첫 글로 시작한 내용은, 즐겨 듣는 KBS 라디오 〈성공예감 김방희입니다〉의 2020년 6월 3일 자 방송 앞부분을 그대로 타이핑한 글입니다. 다음은 김방희 아나운서 인사말입니다. 앞 지문을 다시 한번 읽고 뒤이어 읽어보세요.

"자! 수요일 성공예감 김방희입니다. 시작하겠습니다.

우유트럭기사 출신 배우인데, 지금은 불멸의 명배우 반열에 올라 숀 코너리입니다. 숀 코너리."

누구나 불멸의 명품인생이 있다는 사실 반드시 새기면서 계속 해내시길 바랍니다.

%?

누가 대표인지 모르는 회사

누가 대표인 줄도 모르는 회사를 믿고 투자할 수 있으신가요?

잘 모르면서 오히려 사람들이 더 많이 투자하는 경우가 있습니다. 분명히 누가 대표인 줄 모르겠는데 오히려 더 큰 믿음이 생기는 기업입니다. 임직원이 대표의 자세로 말과 행동을 하는 기업들입니다. 그들은 본인이 대표이거나 회사를 물려

받을 게 확실해 보이는 태도를 보이기도 합니다. 알고 보면 별도의 지원과 혜택도 없습니다. 그런 기업 중에는 업계 평균보다 높은 임금도 아니었고 복지후생이 남다르게 뛰어나지도 않습니다. 회사의 비전을 구체적으로 말하면서 훗날 대박 날 회사라는 호들갑도 없습니다. 오직 대표이사가 좋아서 믿고 따르는 것 말고는 없어 보입니다. 그런 회사가 어디 있냐고요?

10년 넘게 5천 곳 넘는 크고 작은 회사의 대표와 미팅을 하고 계약서에 사인을 받다 보면 여러분도 저절로 알게 될 겁니다. 그런 회사가 정말로 존재한다는 사실을요. 그리고 생각보다 많다는 사실도요. 코로나가 창궐하면서 많은 기업과 사람들이 힘들어해도 몇 개의 기업과 상품은 특수를 누리기도 합니다. 알고 지내는 대표가 그랬습니다. 60세 가까이 된 대표는 수개월 사이에 큰돈을 벌게 되자 함께 고생했던 직원들에게 자동차와 아파트를 사주었습니다. 말이 되지 않는 것 같죠? 그렇게 인심을 쓸 만큼 많이 벌었고 한동안 특수를 누릴 기업입니다. 좋아지면 함께 누릴 수 있다는 믿음이 직원들에게 있었고, 대표는 배신하지 않았습니다.

부부가 30년 넘게 보좌하면서 오른팔 왼팔 역할을 맡고 있는 회사가 있습니다. 중견기업에서 10년 넘게 근무하다 총무과장으로 퇴직하고 창업한 대표입니다. 직장에 다니던 시절 사내커플이 된 부부와 함께 일하고 있습니다. 부부를 만난 지 벌써 30년이 되어갑니다. 중소기업 종합컨설팅회사를 운영하는 대표는 관리하는 고객과 기업만 해도 수천 명과 수백

곳에 이릅니다. 대표 혼자 방대한 고객과 고객사들을 전부 관리하기는 벅찰 텐데, 대표 마인드와 거의 복제 수준인 부부가 대표처럼 일해주고 있으니, 든든하기만 합니다. 이들은 가족처럼 대하는 관계가 아니라 가족보다 더 끈끈한 사이입니다. 실제로 평일에는 가족보다 더 많은 시간을 함께 지냅니다. 나중에 들어온 직원들도 자연스레 화목한 가정의 일원이 됩니다. 직원 수가 그렇게 많지는 않지만 한 번 입사하면 그만두지 않는 회사로 자리 잡았습니다.

백인백색, 만인만색의 세상이지만 대표와 직장인의 공통사항이 있습니다. 대표는 자신의 선택과 비전에 공감해주고 힘을 실어주는 직원을 좋아합니다. 직원 역시 회사가 잘 되길 바라는 마음과 믿고 따르는 대표가 변치 않길 바랍니다. 사공이 많으면 배가 산으로 간다는 말은 의견

충돌이 많고 서로를 믿지 못하기 때문에 나오는 말입니다. 사공이 많으면 배가 더 빨리 가야하고 더 안전해야 하는 게 맞는 말입니다.

합리적이고 꼼꼼하게 현상을 파악하고 문제점을 사전에 없애고 신규사업을 런칭하는 대표는 걱정이 없습니다. 또 하나의 복제된 오른팔 왼팔이 미처 파악하지 못한 문제점과 놓칠 뻔한 현상까지 찾아 의견을 나눕니다. 점점 더 적중확률은 높아집니다. 예상한 대로 흘러가게 순간순간을 확인하고 또 확인합니다. 이런 스타일의 회사는 안전점검하는 데 시간이 오래 걸려서 답답할 때는 있어도 일단 진행이 되면 해오던 일처럼 능숙하게 연결됩니다.

저는 이런 회사들이 많아지길 늘 바랍니다. 이런 회사들이 벤처기업인증을 받고 개인투자조합으로 출자가 진행되면 당장에 고객들의 신뢰는 염려 안 해도 될 테니까요.

다시 한 번, 강조하고 싶습니다. 올바른 비전으로, 올바른 방법으로, 올바른 노사관계를 가진 사공들이라면 배가 산으로 갈 일은 결코 없을 것입니다. 구성원 모두가 대표처럼 일하는 회사. 함께 수고하고, 함께 누리는 회사가 많아지는 우리나라가 되면 좋겠습니다. 이런 대표, 이런 구성원들, 이런 회사라면 의심할 것도 없이 100% 잘됩니다.

%?

모든 고민 100% 해결공식

당신의 고민이 해결되지 않는다면 100% 환불해드립니다.

저도 처음엔 믿지 않았습니다. 하지만 지금은 모든 고민이 100% 해결되었다고 말씀드릴 수 있습니다. 아니, 처음부터 고민하지 않습니다. 이 놀라운 고민 해결 공식을 안내해드리겠습니다.

애초에 고민은 하지도 않고, 하나도 없다는 분과 인터뷰를 한 적이 있습니다. 이 말을 믿지 않았습니다. 탤런트 출신에 사업으로 크게 성공한 남자의 삶이라고 해도 고민이 없었을 리가요.

그는 젊은 날 미국에서 구두닦이도 했고, 건물 청소와 노점상을 했던 경력도 있습니다. 세 딸이 있고 막내는 미스서울 미, 둘째는 미스코리아 진, 큰딸은 미국 변호사로 한국의 K대 법학박사 논문 준비 중입니다.

그와 인터뷰를 하던 도중, 고민하지 않는 법, 고민 해결공식을 들을 수 있었습니다.

"고민이라는 게 해결을 위한 수단이 될 수 없어요. 해결책을 찾으려고 하면서 왜 고민한다는 건가요. '고민' 이라는 단어를 입으로 말하거나 생각만 해도 이미 해결책은 없고 고민만 하게 되는 거죠. 해결책을 찾으려면 고민하지 말고 '연구' 해야 해요. 고민과 연구는 완전히 다르니까요. 고민은 그 문제에서 벗어나지 못하고 고통 속에서 허우적거리게만 만들어요. '연구'는 해결책을 위해 다양한 방법을 찾아보고 시도하게 하죠."

이론으로만 말하는 게 아닙니다. 지구를 백 바퀴 넘게 돌며 사업하면서 많은 난관에 부딪혀보고 연구로 좋은 방법을 찾아낸 장본인입니다. 전혀 말이 통하지 않는 해외의 여러 나라에 사업체가 있습니다. 각 나라의 법도 다를 텐데, 그곳에서도 성공했고 계속 성공을 이어가고 있습니다. 결과만 보면 출중한 능력과 좋은 행운으로 문제없이, 고민할 필요 없이 진행했다고 여겨질 수 있습니다.

그렇게 생각되세요?

얼마나 많은 난관들이 있었고 고민할 사연들이 많았을까 상상해보세요. 그때마다 그는 고민하지 않고 연구했습니다. 연구한 끝에 정면 돌파로 과감하게 승부했습니다. 연구한 끝에 솔직한 자세로 실수를 인정하고 진심으로 문제를 해결하려는 의지를 보였습니다.

미스코리아 진이 된 둘째 딸과 방송 프로그램에 함께 출연하면서 딸보다 아빠가 더 화제에 오르기도 했습니다. '긍정왕' 타이틀을 얻으며 실시간 검색어 1위에도 오른 그는 언제나 즐겁고 유쾌합니다. 상하이 한국상회(한인회) 회장을 역임했고 자랑스러운 한국인상도 받았습니다. 높은 직책이나 큰 상보다 더 크게 인정받는 이유가 있습니다. 60을 넘은 나이에도 여전히 뜨거운 열정으로 세계를 날아다니며 뛰고 있다는 사실입니다.

그의 책 《상하이 콧수염의 지구 백바퀴》에서도 자신의 경험을 말하며 젊은이들에게 무엇이든 즉시 해보라고 합니다. 그 내용은 이렇습니다.

'젊은 시절 고생은 사서도 한다'라는 말을 실천하듯, 그렇게 청소부터 구두 수선까지 미국에서 밑바닥 생활을 하면서 참다운 인생을 하나씩 배워나갔다. 더불어 삶에 대한 걱정이나 두려움도 없어지게 되었다. 지금 생각해도 그러한 일을 경험한 자체가 내 인생의 밑거름이 되어주어 지금의 나를 만든 게 틀림없다.

젊은이들이여, 무슨 일이든 옆 사람 눈치 보지 말고 아무거나 해주기 바란다.

DO IT NOW!

그에게서 고민 해결법만 들은 게 아

닙니다. 화가 났을 때 평정심을 유지하고 있다가 크게 이익을 본 이야기도 들었습니다. 솔직한 마음으로, 이 이야기는 혼자만 알고 싶었지만 독자들에게 감사의 마음으로 소개합니다.

만 원으로 5,000만 원 벌게 된 정한영 회장의 친구 이야기입니다. 퇴직을 앞둔 친구가 시골 땅에 나무를 심어 놓으려고 갔을 때였습니다. 동네 식당에서 점심을 먹던 중 5살쯤 되어 보이는 꼬마가 내부를 뛰어다니며 시끄럽게 굴었습니다. 퇴직이 다가온 친구는 심란하던 차에 신경이 쓰여 꼬마를 혼내주려고 부릅니다.

"야! 꼬마야. 너 이리 와봐. 여기가 니네 집이냐?"

그 꼬마가 대답합니다.

"니 나 아노?" (너 나 아니? 라는 경상도 사투리)

말문이 막혀버린 친구는 혼을 내주려던 마음을 바꾸고 귀엽고 똘똘한 꼬마라는 생각에 만 원짜리 지폐 한 장을 건넵니다. 처음 보는 사람이 아이에게 돈을 주려는 장면을 지켜본 아이 아빠가 놀라면서 왜 그러느냐고 묻습니다. 자초지종을 이야기하면서 똘똘한 아이가 앞으로 장군이 될 것 같아 미리 잘 보이려고 했다고 말해줍니다.

그들은 그렇게 헤어집니다. 다시 만날 일이 없는 사이였죠. 며칠 후 나무를 심겠다는 등록을 하러 산림청을 찾았는데 산림청 계장이 식당에서 만난 똘똘한 아이의 아빠였습니다. 산림청을 찾게 된 이유를 들은 아이 아빠가 이렇게 말합니다. 마침 고로쇠나무 3천 그루 식재할 곳을 찾고 있었다면서 당신의 땅에 심고 싶다고 말입니다. 그렇게 나무를 구매하기는 커녕, 나무 심는 일에도 돈 한 푼 들이지 않았습니다. 그렇게 심어진 나무가 퇴직하기도 전에 5,000만 원어치 가치가 된 것입니다.

정한영 회장은 친구 이야기를 듣고 난 후 마음먹은 대로 일이 안 풀리거나 화가 날 때면 꼬마를 떠올린다고 합니다. 평정심을 잃지 않고 꼬마에게 지폐 한 장을 건네서 일이 잘 풀렸듯이, 긍정이 긍정을 낳는다는 믿음만 가지면 만사가 긍정적으로 풀린다고 말합니다.

만 원으로 5,000만 원이 되었으니 1%가 5,000%가 되었습니다.

왜 말하기 싫었던 이야기라고 했는지 눈치채셨죠? 낯선 식당에 갈 때마다 어린 꼬마가 시끄럽게 해주길 바라는 마음이 생기는 게 문제라는 걸 뺀다면, 유쾌하고 즐겁기 짝이 없는 이야기입니다.

자 이제부터 고민은 없습니다. 연구해

야 해결됩니다.

긍정으로 긍정하고 연구하세요. 100% 해결되고 5,000% 더 좋아집니다.

%?

낮 12시 하루 마감

조퇴를 하든 반차를 쓰든 오전 근무만 해야 하는 날입니다. 평소보다 일찍 출근하고 친한 친구에게 걸려오는 전화도 바쁘다고 말하며 얼른 끊습니다. 점심시간이 되어 동료들은 점심을 먹으러 가는데, 얼른 퇴근하고 유학 간 딸 배웅하러, 군대 휴가 나온 아들 맞이하러 갑니다. 급한 일은 모두 마친 상태고, 즐겁고 행복한 설렘으로 휘파람이 절로 나옵니다. 이런 경험 다들 있지 않으신가요?

한 번씩 특별한 일로 오전 근무만 하게 되는 날이 생깁니다. 회사 행사나 출장으로 인해 오전 시간에만 집중해서 일을 끝내야 하는 날, 이런 날은 희한하게도 아무 문제 없이 지나갑니다. 그렇다면 외부에 아무 일이 없을 때 오전 근무만 하게 된다면 어떨까요? 동료에게 시키는 게 아니라, 스스로 해보세요. 사업자도 직장인도 똑같이 해보면 좋습니다. 어떤 결과가 나올지 기대될 정도입니다. 하루 일과의 마감 시간을 자정이 아닌, 정오에 맞추고 나서부터 생긴 기적과 같은 이야기를 해보겠습니다.

결론부터 말해보자면 날마다 '12시간'이 새로 생겨났다는 사실입니다. 그냥 저절로 생겼습니다. 잘 생각해보세요.

그날 꼭 해야만 하는 중요한 일을 오전에 끝내려고 마음먹는 것부터가 시작입니다. 어쩌다 생기는 기쁜 일로 정신없이 일하다가 일찍 끝내고 퇴근하거나 문 닫아본 기억만 다시 떠올려보세요. 그날이 별것 아니었다는 기억이 있다면, 결국 이틀도, 일주일도, 한 달도 별거 아닙니다. 일단 일찍 출근하거나 일찍 문을 엽니다.

생각해보세요. 사업을 하든 직장 생활을 하든 정오인 낮 12시에 하루에 할 일을 다 해버리면 어떻게 되는지요. 더 많이 벌거나 더 많이 놀거나겠죠. 직장인은 다르다고요? 더 많이 벌 수도, 더 많이 놀 수도 없다고 말하고 싶을지도 모릅니다. 더 빨리 승진하거나, 더 빨리 창업하지 않는다면 그 말도 맞겠군요. 순 억지라고, 말도 안 된다고 생각되면 더 이상 이 책을 끝까지 볼 필요는 없습니다. 있을 수 없는 확률일 텐데 뭐 하러 시간 낭비하겠습니까. 책은 덮어버리면 됩니다. 하던 대로 해도 아무 문제없고, 그냥 전처럼 살던 대로 살아갈 수 있습니다.

2019~2020년 상하이 한인회장으로 추대된 박상윤 회장은 대기업 직원으로 근무할 때 개인 전용 엘리베이터를 타고 출근했습니다. 말단 시절부터 어떻게 전용 엘리베이터를 이용할 수 있었을까요. 여러분에게도 전용 엘리베이터 타는 방법을 알려드리겠습니다. 간단합니다. 가장 먼저 출근하면 됩니다.

박상윤 회장은 대기업에서 임원으로 승진함과 동시에 사표를 던지고 중국에서 창업합니다. 스탠퍼드대를 입학한 아들과 미국 대학을 간 딸의 학비를 대기에는 대기업 임원 연봉만으로는 벅찼습니다. 사업하다 망하면 어쩌나 하는 불안감은 애당초 전용 엘리베이터를 타고 다니던 사람에게는 벽이 아니었습니다. 동료보다, 임원보다 최소 3시간 이상 먼저 출근하면서 외국어를 공부하고 업무 능력을 키운 실력자도 불안감에 사로잡혀야 하는 건 아닐 겁니다. 만인에게 평등하다는 시간도 사실이 아닙니다. 박 회장의 하루는 24시간이 아니라 최소 27시간 이상이었으니까요. 지방대 출신으로 치열하게 공부해서 대기업에 입사했습니다, 더 치열하게 중국어를 공부해서 가장 빠르게 중국 주재원으로 나갔습니다, 중국에서는 일본어와 영어를 공부하면서 일본과 영어권 거래처를 개척합니다. 자세하게 말하지 않아도 이제 느낌이 오실 겁니다. 한국에서보다 더 치열하게 중국 생활했습니다. 글로벌 금융기업에 입사한 아들과 서울대 의대를 졸업한 딸에게 아빠는 롤모델이었습니다. 성실하게, 도전하면서, 바르게, 이타적으로 살아가는 아빠 모습을 본 것이죠. 부럽지도 않을 정도의 넘사벽인 아빠 이야기는 그저 남에게만 일어난 기적 같은 이야기입니다.

제게도 기적이 생겼습니다. 한 번도 만난 적 없는 남의 이야기를 듣고, 따라 해서 시도했다가 성공한 기적 이야기입니다. 우연찮게 스노우폭스 감승호 회장의 TV 특강을 보던 중 강의가 끝나기도 전에 벌떡 일어나 문구점으로 달려갔습니다. 수첩을 사기 위해서였죠. 그가 무려 여덟 번 성공한 이야기를 들려주는데 건방지게 끝까지 듣지도 않고 뛰쳐나온 겁니다. 세계적으로 성공한 그가 목표를 이룬 비법은 원하는 꿈을 날마다 백 번씩 백일 동안 '기록'하는 것이었습니다. 일요일 오후, 저는 그 말을 듣고 원 없이 늘어져 있다가 용수철처럼 튀어 올라 나갈 수밖에 없었습니다.

자신의 꿈을 100번씩 100일 동안 쓰기는 쉽지만은 않은 일이고, 하는 사람도 별로 없다는 말이 저를 벌떡 일어나게 했습니다. 충분히 할 수 있는 일인데 남들은 별로 안 한다. 별로 하는 사람이 없다는 말이 가능성 있어 보였습니다.

하기만 하면 경쟁력을 갖출 수 있다는 말로 들렸습니다. 김 회장은 누군가 그렇게 하고도 성공 못 하면 책임질 것처럼 강의했습니다. 일단 써보고 안 되면 따질 요량이 생겼습니다. 설마 세계적으로 성공한 CEO가 방송에 출연하면서 거짓말을 할 리가 없습니다. 좋아하는 노란색 표지 수첩을 여러 권 샀습니다. 페이지를 계산해보니 20일짜리입니다.

그날 하루 정성스럽고 예쁜 글씨로 꿈 100번 썼습니다. 숫자 포함 15개 글자에 1시간 걸렸습니다. 첫 시도 후 12일째 실패했습니다. 5일에서 10일 사이 실패가 10회, 59일째 실패 한 번 5일 미만 실패가 5회였습니다.

아무래도 내 꿈이 아니거나 간절하게 이루고 싶은 꿈이 아니어서일까요. 결코 그게 아닌데도 연거푸 실패했습니다. 15년 동안 키워오고 연구하고 기획하던 꿈인데 말입니다. 59일째 실패한 것은 억울했지만 실패는 실패입니다. 그날 80번 넘게 쓰다가 깜빡 잠들었고 눈떠보니 새벽 1시였습니다. 아무도 모르고 확인자도 없지만 나를 속일 수 없었고 내가 통과해줄 수 없는 원칙이었습니다. 한심한 나를 원망했고 내 꿈에게 미안했습니다. 반드시 해내길 다짐하다 묘안으로 떠오른 게 바로 '정오 마감'이었습니다. 다시금 희망이 생긴 것 같았습니다. 아침에 눈 뜨자마자 화장실 가기 전에 한 줄 적고 갑니다. 자동차에 올라 시동 켜면서는 열 번 적고 엘리베이터 기다릴 때. 고객 대기 중일 때 적다 보면 거의 오전 중에 끝납니다. 늦어도 점심 먹을 때즘이면 임무 완수됩니다.

정오 마감은 꼭 꿈쓰기만으로 끝이 아닙니다. 꿈쓰기 수첩 여백에 적혀있는 해야 할 일들도 오전에 끝나는 일들이 많아졌습니다. 점점 더 많이 해결되었고 오후엔 여유롭게 일했습니다. 더 많이 연구하고 더 많이 실행해가며 고객들을 만날 수 있었습니다. 교육 관련 세미나가 있는 오후에 간간히 참여할 수 있는 여유도 생겼습니다. 주말에만 둘러보던 서점을 평일에도 가보게 되었습니다. 하루 12시간 벌었다는 말 이제 믿어지시죠?

빠르게 휘갈겨 쓰면서도 머릿속은 온통 꿈 생각이었습니다. 상상했습니다. 꿈이 이루어진 그 날을 생각하고 그 장소로 축하해주러 오는 사람들을 맞이합니다. 꿈을 쓸 때마다 분위기 좋은 카페와 잘 정돈된 정원이 떠오릅니다. 꽃들과 나무들이 꿈꾸는 공간으로 옮겨집니다. 음질 좋은 스피커도, 작은 시냇물도, 캠핑카 옆에 모닥불도, 지펴집니다. 봄 내음도, 여름비도, 가을바람도, 겨울 흰 눈도 마당에 가득 찹니다.

스노우폭스 김승호 회장은 각각 다른 꿈 8개를 이뤘습니다. 8개의 다른 꿈을 각 만 번씩 썼다고 합니다. 그렇게 저도 같은 꿈을 계속 쓰고 있습니다. 130일 연속 썼으니 1만 3,000번을 썼고 다시 백일짜리 한 판 더 썼습니다. 같은 꿈을 쓰고 또 쓰고 있습니다. 디데이로 잡힌 날까지 최하 5만 번은 쓸 수 있습니다.

날마다 30분씩 종이 위에 꿈을 쓰는

시간이 아깝다고 생각된다면, 안 하는 게 낫습니다. 저는 날마다 많은 시간을 벌고 있습니다. 시간만 버는 게 아니라 돈도 법니다. 시간은 곧 돈이니까요.

상하이 박으로 불리는 중국 박 회장처럼 1등으로 일어나고 여러 나라 말을 하고 싶지도 않고, 할 수도 없습니다. 그래서 할 수 있는 백번씩 백일 꿈쓰기 합니다. 백일 넘게 두 판 해내서 우쭐합니다. 53년 살아 보니 남들 앞에서 우쭐해질 일도 별로 없는데, 이 또한 대단한 일입니다.

꼭 한번 꿈을 적어보세요. 첫날부터 기적을 경험할 수 있습니다. 100일 뒤 1만 번 쓴 뒤에 나타나는 것은 기적이 아닙니다. 그날은 저절로 생겨나는 과정입니다. 첫 시도하는 그 순간부터가 기적임을 직접 알 수 있습니다.

만약, 당신이 꿈쓰기 100번씩 100일 동안 써봤는데 기적을 체험하지 않았다면 스노우폭스 김승호 회장에게 이유를 물어보세요.

오늘부터 하루를 두 배로 살아보세요.

%?

이과출신은 안본다

"우리 같은 이과 출신들은 이렇게 긴 글 아무도 안 봐요."

'이과 출신은 긴 글을 안 본다고? 그렇다면….'

평소에 제가 쓴 안내문 내용을 세심하게 봐주고, 오탈자를 잡아주거나 명쾌하고 심플한 표현을 제안해주던 영상의학과 원장님 말에 아이디어가 번뜩 떠올랐습니다. 동시에 영상의학과는 역시 '숨은그림 찾기'가 전공이라는 생각도 들었습니다.

먼저 원장님에게 가져갔던 안내문은 개인투자조합에 대해 전혀 모르는 사람들이 읽어도 알 수 있도록 긴 설명을 써놓은 상태였습니다. A4 1장에 1,500글자를 빼꼭하게 기록한 자료였죠. 이과출신은 긴 글 안 본다는 말에 이과 출신용 안내문을 만들었습니다. 정확히, 네모 칸을 13개를 만들고 300글자 미만으로 내용을 줄였습니다. 맨 위 상단에는 20포인트 정도의 큼지막한 제목을 썼죠.

'이과 출신용 안내문'

기존의 긴 글로 만든 자료에는 '문과 출신용 안내문'이라고 썼고 오히려 글자

수를 더 늘리면서, 저의 개인적인 자랑거리 이야기까지 채웠습니다.

그 결과 안내문에 대한 반응은 뜨거웠습니다. 100% 이과 출신들만 있는 병원과 약국을 방문해서 물어보기도 했습니다.

"약사님! 이과 출신이시죠? 여기 이과 출신용 안내문입니다. 혹시 문과 출신용이 궁금하시면 뒷장에 있습니다."

손가락으로 상단의 '이과 출신용 안내문'을 짚어주고는 곧바로 뒤집어 '문과 출신용 안내문'을 보여주었더니 모두 웃었습니다.

"역시. 다르네."

"나는 원래 문과였는데…."

"대박이네요."

"문과 출신도 이과용이 보기 편하겠는데요?"

은행원과 공무원 중에는 문과가 더 많았습니다. 이과인지 문과인지 질문하면 다들 뜬금없어하면서 왜냐고 묻기도 합니다. 전혀 관계없어 보이는 질문에 답하고는 제가 짚어주는 자료를 보고 놀란 기색으로 재밌어합니다.

시골에 있는 어느 병원의 원장님을 만났을 때는 이런 말도 오갔습니다.

"나는 이과도 아니고 문과도 아닌데 어떡해야 해?"

"아하! 원장님은 예체능 출신이군요!"

"아뇨. 예체능도 아닙니다!"

"네? 그럼 뭐예요?"

"가정의학과!"

"아하~ 맞네요. 다음번에 찾아뵐 때는 가정의학과 출신용 안내문도 챙겨오겠습니다."

아직까지 가정의학과용은 만들지 않았습니다. 대신 치과용과 내과용, 약국용은 연구 중입니다. 이렇게 여러 분야의 사람들의 눈에 띌 수 있는 안내문을 만드는 이유는, 역시 출자확률이 높기 때문입니다.

다방면의 안내문을 건네면서 유쾌하게 첫인사를 시작할 수 있다면, 서로 거부감 없이 자연스러운 대화가 이어집니다. 여세를 몰아 예체능 출신용 안내문도 만들었습니다. 표도 없거니와 글자 수도 이과보다 절반 넘게 줄였습니다. 사실 만나는 고객 중에 예체능 출신은 거의 없지만 재미있어하는 반응에 조금 더 성의 있게 준비하고 싶었습니다.

사람들의 전공과는 전혀 다른 이야기지만, 유쾌한 일이 하나 더 있습니다. 12년 전인 2008년에 유행해서 대히트를 쳤던 것인데, 2020년 들어와 혹시나 하고 시도했더니 완전히 반응이 좋았습니다.

그건 바로 '한꺼번에 두 가지 표창장' 입니다. 그런 표창장 받아본 적 있으신가요?

표창장 한 장 안에 두 가지 표창 내용이 들어가 있어서, 결국 한 번에 2개 표창을 동시에 받는 겁니다. 고급용으로 된 표창장 케이스 안쪽에 한쪽은 표창장, 한쪽은 랠프 왈도 에머슨(Ralph Waldo Emerson)의 시 '성공이란 무엇인가'를 꽂아 주었습니다.

한꺼번에 두 가지 상

표 창 장

출자자 : 홍 O O

위 출자자님은
사람들이 잘 모르는 고급정보를 빨리
알아채고 얼른 시작하신바,
빠른 지혜상을 드립니다.
아울러 혼자만 해도 될 일을 소개까지
해주는 착한 마음을 가졌기에
착한 마음상까지 한꺼번에 드립니다.

2020년 02월 25일

3,000만 원 100% 소득공제안내
전국 1위 유준원 드림

표창장이 뭐라고 검찰청 앞에서까지 전국이 시끄러울 때는 살짝 걱정됐습니다. 제가 만든 표창장은 위조도 가능했고, 한꺼번에 두 개인지라 가중처벌까지 염려되었습니다. 하지만 12년 전부터 별다른 문제가 없었다는 점을 기억하며 마음을 단단하게 먹기로 했습니다. 앞으로도 문제 삼지 않아 줄 것이라는 믿음을 가지고 열심히 표창장 수여해주러 다녔습니다.

상상이 가세요?

병원에서, 약국에서, 은행에서 저한테 잘했다고 표창장을 주는 게 아니라 제가 여러 높은 분들에게 상을 수여하고 다니는 모습이요. 수상자가 아니라 수여자가 되는 기분을 공유해드리겠습니다. 보통은 수상자가 더 기쁠 거라고 생각하실지 모르지만, 수상자의 기쁨은, 수여자의 하늘 높은 줄 모르는 자존감과 비교할 바가 못 됩니다. 택도 없습니다.

자녀도 좋고 친구나 후배도 좋습니다. 평소에 잘 지내고 있는 이들에게 표창장을 줘보세요. 한꺼번에 두 가지 이상의 표창장을 누군가에게 수여하는 일은 현재까지 전혀 문제없습니다. 12년째 300명 넘는 수상자를 선정하면서 칭찬과 웃음만 되돌려 받았습니다. 얇은 종이 위에 대충 작성하지 말고 폼 나는 두꺼운 상장 용지에 고급케이스까지 준비해서 수여하세요. 그리고 상을 줄 때는 수상자를 일어서게 해서 두 손으로 정중하게 받게 하세요. 대독자를 통해 표창 내용을 읽게 하고 기념사진도 찍어보세요. 상상만 해도 기분이 좋아지고 의미 있어 보인다면, 당장 문구점으로 달려가서 준비물을 챙기고 오늘 날짜로 표창장 수여식을 거행해보세요.

표창장은 전공을 구분할 필요도 없습

니다. 주는 사람도 받는 사람도 100% 행복한 일입니다. 아니, 이 행복은 100%, 1,000%로 가늠할 수 없습니다. 불가능한 무한대의 수치까지 행복해질 겁니다.

저것은 벽

어쩔 수 없는 벽이라고 우리가 느낄 때
그때 담쟁이는 말없이 그 벽을 오른다
물 한 방울 없고 씨앗 한 톨 살아남을 수 없는
저것은 절망의 벽이라고 말할 때
담쟁이는 서두르지 않고 앞으로 나아간다
한 뼘이라도 꼭 여럿이 함께 손을 잡고 올라간다
푸르게 절망을 다 덮을 때까지
바로 그 절망을 잡고 놓지 않는다
저것은 넘을 수 없는 벽이라고 고개를 떨구고 있을 때
담쟁이 잎 하나는 담쟁이 잎 수천 개를 이끌고
결국 그 벽을 넘는다.

- 도종환, 「담쟁이」

Unerri
Impossibl

3장

함께와 혼자

%?

수당 없는 다단계 높은 자리

"고지가 눈앞입니다. 현재 3위세요. 1등과는 두 명 차이밖에 안 납니다. 세 분만 더 소개해주면 바로 1등 되니까 힘내세요."

지인들 소개를 잘 해주고 많이 해주는 내과, 약국, 은행 등등에 들렀을 때 자주 하는 말입니다. 그러면 이렇게 거의 같은 대답이 돌아옵니다.

"1등 하면 뭐 주는 것도 아니고 이게 다단계여, 뭐여!"

"이거 다단계 맞아요. 모르셨어요? OO님은 곧 제일 높은 다이아몬드 되시는 거예요. 조금만 더 바짝 분발해보세요."

"아니, 그러니까 그런 거 되면 뭐가 있냐고. 아무것도 없으면서 자꾸 소개만 해주라고 하는 거야? 수당도 줘 가면서 해야지!"

"아하, 모르셨구나! 이거 다단계는 맞는데 수당은 따로 없고 수당보다 더 큰 보람과 행복을 받는다는 것을 왜 자꾸 잊으세요."

"무슨 보람과 행복? 그런 거 필요 없으니까 뭐라도 좀 챙겨줘 봐. 맨날 3등이라고 하면서 분발하라고만 하지 말고."

이 정도 대화를 나누는 정도라면 꽤나 편하고 친해진 관계인줄은 아시겠죠? 서로 장난스러운 대화를 이어가다가도 저는 정색을 하고 차분하게 말합니다.

"OO님, 수당이 생기는 순간 진짜 다단계가 되는 거예요. 수당이 생겨서 좋을 것 같아도 사실은 지금처럼 순수한 마음은 사라집니다. 그동안 왜 저한테 이렇게 많이 소개해주셨어요? 제가 즐겁게 일하고 열심히 뛰어다니는 모습이 예뻐서요? 솔직히 놀라울 정도로 큰 혜택을 받아보고 좋아서 친한 분들에게 소개해준 거였잖아요. 그리고 그분들이 얼마나 좋아하셨습니까. 저한테도 고맙다고 전화하고 밥 사준다고도 하는 걸 보면 OO님께는 말하지 않아도 얼마나 감사해 하겠어요."

은행이나 법인대표, 공무원들은 연말정산으로 환급을 받고 사업자들은 5월이나 6월 소득세 신고 때 절세를 하면서 고마워합니다. 몇 프로가 아니라 40%를 아끼다 보니(주로 예상과세구간 40%대 출자자들 집중 안내) 예상보다 훨씬 큰 효과를 보며 만족해합니다. 정색하고 말하면 차분하게 들어주다가도 시큰둥하면서 이제 소개는 끝이라는 엄포를 놓으며 웃어줍니다.

소개해주고 무언가 보상을 바란다는 것은 당연하게 여겨지는 부분일 겁니다. 나도 친한 친구나 지인들의 업무를 주변에 소개해주면 한 번씩 하는 말이기도 하니까요. 특정 기간에 많은 소개가 이어질 때는 강력하게 요청하기도 합니다. 덕분에 밥과 술도 얻어먹었습니다.

애초부터 밥이나 보상을 바라고 소개시켜 주지 않았습니다. 사람들이 관심 없어 하는 일을 내가 먼저 적극적으로 나서서 안내하고 설득한 적도 없습니다. 먼저 문의가 오면 마침 그 업무에 전문적으로 종사하는 친한 사람이 있을 경우 소개를 해주는 것이죠. 오히려 나와는 무관한 일을 친절하게 안내해주는 것만으로 더 많은 인정을 해줍니다. 실제로 순수한 마음이었으니 그런 감사를 느끼면 뿌듯함도 생깁니다. 그래서 아무나 대충 소개하는 일은 없습니다. 해당 업무를 정확하게 오랜 시간 동안(최소 10년 이상)하고 있고 전문가라는 기준을 충족할 때 소개해주는 것입니다.

가장 크게 이익을 보는 사람은, 필요해서 소개 요청을 하는 사람입니다. 전문가를 통하면 모든 게 쉽습니다. 쉬우니까

빠르고 그만큼 시간을 아낄 수 있습니다. 드는 비용이 줄어들기도 합니다. 궁금하거나 애매한 문제들은 물어보면 됩니다. 세상의 모든 정보가 인터넷에 공유된다고 해서 누구나 공평한 정보를 누리지는 못합니다. 법으로 보장되어 있고, 오래전부터 시행된 제도들인데도, 모르는 사람은 아예 모르는 채로 계속 가고, 그러면 없는 거라 여기고, 가짜라고 생각하기 때문입니다.

자잘한 일에서부터 여러 가지 상담까지, 최선을 다해 처리하려고 노력했습니다. 한계에 부딪히거나 제가 할 수 없는 일들을 제외하면 부탁한 분들의 가려운 부분들이 시원하게 해결된 사례가 많습니다. 돈을 아끼기도 했고, 시간을 아끼기도 했고, 오해가 풀리기도 합니다. 그렇게 만족하게 된 고객들에게는 제 이미지가 만물박사나 해결사가 되기도 합니다.

어떤 내용이든 문의가 들어오면 알든 모르든 일단 알아보겠다고 대답합니다. 아는 문제는 전문가들에게 한 번 더 확인하고 모르는 일이면 만사 해결사와 같은 형님에게 문자를 보내서 물어봅니다. 들은 이야기를 정리해서 문자로 보내고 바로 전화해서 의뢰한 사람과 저와의 관계를 말하고 반드시 잘 해결해주어야 한다고 강조하며 부탁합니다. 말이 부탁이지 부탁을 빙자한 협박 수준입니다.

이때부터 재미있는 이야기가 시작됩니다. 연락을 받은 해결사 형님은 나한테 받은 문자를 해당 분야 전문가들에게 보내고 몇몇 사람에게 나와 같은 방식으로 전화를 해줍니다. 세상에 안되는 게 어디 있고, 모르는 게 어디 있겠습니까? 그렇게 전문가들에게 받은 방법을 자세하게 정리해 문자를 보내주고 전화로 알려옵니다. 그러면 저는 들은 대로 고객들에게 다시 알려줍니다. 손도 안 대고 코 푼다고 생각되세요? 맞습니다. 그런 생각 들 때가 자주 있어서 해결사 형님께 늘 감사한 마음이고, 인사를 드립니다. 수년 동안 너무 많은 일을 해결해주어 말로만 고맙다고 할 일이 아니었습니다. 막연하게 식사 대접하는 문제로 끝낼 일이 아닙니다. 진짜 선전포고를 했습니다.

"형님! 앞으로 평생 저랑 둘이 밥을 먹거나 술을 마시게 되면 무조건 제가 모시겠습니다."

이 약속을 2020년 1월 1일부터 지켜오고 있습니다. 평소에 비싼 음식을 안 드셔서 크게 걱정하지 않았었고, 몇 차례 형님의 지인들도 함께 만났는데 그들이 계산하고 나가기도 했습니다. 한 가지 다행인 건, 먼저 연락 와서 밥 먹자, 술 먹자 할 때마다 선약도 있고 제가 다른 지역에 있을 때가 많았습니다. 일주일에 몇 끼, 한 달에 몇 끼 얼마 이상의 메뉴를 정하지 않은 것은 신의 한 수였습니다. 해결사 형님이 누구냐고 물어봐도 말해줄 수 없습니다. 오해는 하지 말아주세요, 제가 부탁하는 일이 점점 많아져서 그만큼 해결 속도가 늦어지고 있어서니까요.

형님이 아니어도, 서로 소개를 많이 해주는 관계가 많습니다. 소개받은 분들이 또 소개해주며 꼬리에 꼬리를 이어 5단계를 거치는 분도 있습니다. 수당도, 명예도 없지만 그보다 더 큰 행복과 감사를 주고받습니다. 우리는 가족도 아니고 친하게 지내던 학교 동창도 아니고, 은혜를 입은 관계도 아닙니다. 알고 지낸 지 얼마 되지도 않은 인연도 있습니다. 절친하게 지내게 된 고객들에게 자주 하는 말을 소개하고 마치겠습니다.

"옷깃만 스쳐도 인연이라는데, 우리는 전생에 잘 알고 지낸 게 분명해요. OO님도 그렇게 생각되시죠? 전생에 제가 OO님한테 너무너무 잘해주었나 봐요. 그리고 전생에 항상 저한테 고마워하면서 지냈던 것 같아요. 그렇죠? 그렇지 않고서는 이번 생에 저한테 이렇게 잘해줄 리가 없지 않겠어요."

%?

다시 먹는 대추

대추를 다시 먹기 시작했습니다. 왜 이렇게 말하느냐면, 저는 꽤 오랫동안 대추를 먹지 않았거든요. 그렇다고 해서 모든 대추를 먹지 않은 건 아니었습니다. 바로, 삼계탕 속 대추를 먹지 않았다는 얘기죠. 40년 넘게 잘 먹던 대추를 10년쯤 먹지 않다가 2020년 6월 들어 다시 먹었습니다. 사실 정확한 기간은 잘 모르겠습니다.

먹지 않게 된 이유부터 말씀드리겠습니다. 언제인가 친구와 삼계탕을 먹던 날이었습니다. 젓가락으로 대추 먼저 건져서 입에 집어넣은 나를 보며 친구가 한마디 했습니다. 삼계탕 속 대추는 먹지 않는 거라며 저더러 그것도 모르냐고 했습니다. 평소에 똑똑한 이미지는 아니었던 친구인데, 저보다 아는 게 하나 더 있구나, 문제 하나는 더 맞췄구나 싶었습니다. 하지만 그 일이 있고도 저는 한동안 대추를 먹었는데, 그때마다 친구 말이 떠올라서 신경 쓰였습니다. 하루는 삼계탕집 직원 입에서도 대추를 먹지 않는 게 좋다는 말을 들었습니다. 친구는 이유도 말해주지 않은 채 먹지 말라고 했는데, 직원은 친절하게 이유도 설명해주더군요.

대추가 삼계탕 속의 나쁜 성분을 전부 빨아들이기 때문에 안 먹는 게 좋다는 거였습니다. 게다가 기름도 빨아들인다는 것입니다. 일리 있고 똑똑하고 친절한 식당이었습니다.

그 후로 일행이든 옆자리든 삼계탕을 먹을 때면 자신의 대추를 건져내는 사람들을 자주 목격했습니다. 모두 상식이 있는 사람들이라는 생각이 들었습니다. 저는 이 일을 계기로 이제 삼계탕 속 대추를 먹지 않겠다고 마음을 굳혔습니다. 맹세까지 한 것은 아니지만 자연스러운 습관처럼 대추를 건져냈습니다.

이 책이 출판되기 한 달쯤 전에 서울 고속터미널에서 삼계국밥을 먹게 됩니다. 삼계탕이 아니라 삼계국밥이라는 메뉴였습니다. 펄펄 끓는 국밥이 나왔는데, 맨 위에 얹힌 진한 밤색 대추가 떡하니

눈에 들어왔습니다. 저는 평소처럼 대추를 따로 빼서 밥그릇 뚜껑 위에 내려놓고 식사했습니다. 대추가 어찌나 존재감이 크던지, 마치 대추가 어이없어하는 눈빛으로 밥 먹는 나를 빤히 쳐다본다는 기분까지 들었습니다. 뜨거운 국밥을 호호 불면서 한 숟가락 뜨면서 눈을 치켜뜨고 대추를 째려봤습니다. 은색 스테인리스 밥그릇 뚜껑 위에서 대추는 온몸이 쭈글쭈글한 상태였습니다.

'그래! 이건 삼계탕이 아니라 삼계국밥이지? 국밥 속 대추는 먹어도 되지 않을까?'

검색해보기 위해 핸드폰을 들었습니다. '대추'를 검색했더니 지역 특산품, 건강, 쇼핑몰, 한방, 영양 좋은 말만 나옵니다. 다시 '삼계탕 속 대추'를 검색했습니다. 와! 남들도 많이 검색했는지, 이런저런 질문이 많이 보였습니다.

* 삼계탕 속 대추 먹는다 vs 먹지 않는다
* 삼계탕 속 대추 오해와 진실
* 먹지 말아야 한다?!
* 먹어도 될까?

엇비슷한 제목들 사이로 2010년에 올린 글을 클릭했습니다. 그 글의 답변은 먹지 말아야 한다고 결론을 내린 내용이었습니다. 인체에 해롭거나 도움 안 되는 물질을 흡수하기 때문이라고 명시해놨습니다. 근거 자료는 없는데, 누군가 전문가를 언급하며 먹지 말라고 단호하게 써놨습니다. 그 글을 보니 그저 많은 사람들이 질문하고 알아보기 전에 미리부터 올라와 있던 글이라, 나중에 다른 사람들까지 그 답변을 보고 대추를 먹지 말아야 한다고 판단하게 된 것 같았습니다. 스마트폰으로 검색하기 시작한 초창기에 올라온 터라, 그 어떤 팩트 체크 없이 말이 옮기게 된 거죠. 저는 그렇게 생각합니다. 최근 자료부터 수년 전 글들 어느 것을 봐도 대추를 먹지 말라는 말이 없었습니다. 오히려 먹는 게 좋다고까지 쓰여 있는 글이 더 많았습니다.

저는 곧 식은 국밥을 빠르게 먹었습니다. 먹는 게 좋다고 한 글을 보는 순간 뚜껑 위에서 위풍당당하던 대추도 입속에서 잘근거려졌죠.

여기서 저는, 이 삼계탕 속 대추가 '개인투자조합'과 닮았다는 생각이 들었습니다. 2007년 노란우산공제가 처음 나왔을 때도 세무회계 사무실에 전화해서 물어보면 고객들이 자주 들었다는 말이 있습니다.

"그런 것은 없어요. 사기일지도 모릅니다."

스크랩한 신문 기사를 보고도 믿지 않던 시절. 스마트 폰이 없던 시절까지는 이해합니다. 지금은 스마트폰으로 언제든지 검색해서 사실 여부도 확인할 수 있고, 내가 원하는 정보를 찾아 알아서 판단할 수 있습니다. 하지만 사기가 아니냐는 말을 2020년인 지금도 듣고 있습니다. 그들에게 들려오는 말을 들으면 마치 삼계국밥 위에 있던 쭈글쭈글한 마른 대추처럼 오그라듭니다. 고객들이 알아본 그들은 세금 박사거나 자산관리전문가, 현직 세무 대리인들일 텐데 말이죠.

2년 전, 친동생이 세무회계사무실에 근무한다며 전화로 물어본 출자자가 눈을 동그랗게 뜨면서 "그런 거 없다는데!"하면서 스피커폰을 눌렀습니다.

"형님! 그런 건 없어요. 말도 안 되잖아요. 세금을 많이 걷어야 하는데 뭐 하려고 3,000만 원이나 빼준답니까?"

더 이상 긴말 하지 않았습니다. 명함에 '조세특례제한법 16조' 라고 써주고 알아서 찾아보시라고 말한 후에 나왔습니다.

'삼계탕 속 대추' 를 먹을지 말지는 법적으로 지정할 수 없는 문제입니다. 하지만 '노란우산공제' 와 '개인투자조합출자공제' 는 법으로 공제되는 항목에 명시되 있습니다. 인터넷에 검색해도 되고 국세청 홈페이지 공제 항목에서도 볼 수 있습니다. 역시 예나 지금이나 모르면 용감해진다는 말이 사실인 것 같습니다. 정확히 알아보려고만 하면 순식간에 알 수 있는데, 자신이 모르는 내용은 없는 것처럼 대합니다. 그걸로 끝입니다. 사실, 저도 그런 적이 있긴 있습니다. 몰랐던 정보를 알게 되었을 때 거의 이렇게 대답하고는 했죠.

"말도 안 돼! 그런 게 어딨어? 뻥치지 마! 그거 사기야! 사기! 조심해!"

이제부터라도 남들이야 그러거나 말거나 저는 어떤 말을 들으면 그게 사실인지 아닌지를 알아보거나, 신중하게 말하고 행동해야겠다는 다짐을 합니다. 아니, 제가 알고 있는 것을 남들에게도 겸손하고 친절하게 설명하고, 이야기하겠습니다. 제가 모르는 거라면 잘 알 때까지 더 배우도록 하겠습니다.

여러 가지 무궁무진한 정보를 바로 알

수 있는 스마트폰 검색 덕분에 저는 삼계탕 속 대추를 다시 먹기 시작했습니다. 이건 결코 별거 아닌 일이 아닙니다. 저는 우쭐해진 기분으로 다음 일정을 향해 갔습니다.

%?

얼떨결 천사

1,000만 원씩 기부하고 1,004명의 회원을 모집한다는 1004클럽이 있습니다. 그런 모임이 있다는 이야기를 처음 듣게 된 날, 회원이 되겠다고 결정하는 데 걸린 시간은 5초도 걸리지 않았습니다. 3명이 각각 5초가 아니라 전부 동시에 결정한 시간은 그렇게 짧았습니다. 5초 만에 1,000만 원 기부자 3명이 3,000만 원을

기부한다는 사인을 했습니다.

사람들에게 존경받는 의사 부부(남편은 소아청소년과, 부인은 산부인과)와 저녁식사를 하던 날이었습니다. 평소에 어떤 사람들과 만나고 인연이 되어 자주 만나는지가 중요하다는 생각을 하게 된 날이기도 합니다. 우연하게 잡힌 식사 자리에서 이미 1004클럽으로 활동하고 있는 부부 이야기를 듣고 부럽다는 생각을 했습니다. 똑같은 세상을 동시에 살고 있는데 삶의 의미는 완전히 다르다는 생각이 들었습니다. 식사를 마치고 1004클럽 부부는 먼저 떠나고 남은 세 명은 1004클럽에 대해 잠깐 이야기했습니다. 늘 바쁘게 지내는 치과기공소 여성 대표가 말을 꺼냈습니다.

“우리도 1004클럽 합시다. 이런 게 있는지 몰라서 천사가 되지 못한 거잖아요!”

"그러시죠. 우리도 이제 천사 되는 거네요."

저보다 형편이 넉넉하지 않아 보이는 작은 회사 대표들이 즉각적으로 1,000만 원을 기부한다는 회원에 가입하겠다고 하는데 어떻게 빠질 수가 있겠습니까. 먼저 나서지는 못했어도 발을 뺄 수는 없었습니다.

평소에 존경하는 부부가 멋진 천사 회원으로 활동한다는 말에 부러움을 느낀데다가 함께한 일행들 모두 언제까지고 함께 잘 지낼 친구들이니 저 역시 자연스럽게 회원이 된 것입니다.

며칠 후 식사를 함께한 부부는 우리 세 명이 천사 회원이 되었다며 반가워했고, 고맙다는 인사를 전해왔습니다. 저는 그날의 일을 자세히 말해주며 사실 자발

적 참여라기보다는 분위기에 휩쓸려 어쩔 수 없이 동참하게 되었다고 너스레를 떨었습니다.

솔직히 그렇습니다. 식사를 함께했던 일행들의 됨됨이와 평소에 보이는 품성이 있었고, 의미 있는 일을 하며 보람을 느낀다고 하는데 어떻게 동참을 안 할 수 있겠습니까. 그날 저뿐만이 아니라 누구라도 그 자리에 있었다면 자연스레 천사의 마음이 되어 천사회원에 가입했을 것이라는 생각이 듭니다.

천사클럽 회원이 되자고 가장 먼저 제안한 여성 대표는 평소에도 후원과 기부를 많이 하는데 역시 새로운 기부에도 선뜻 나섰습니다. 베푸는 것을 좋아하고 주는 것이 행복임을 강조하는 성격이다 보니 사업도 마찬가지인가 봅니다. 보통 치과기공소는 가내수공업 형태로 가족끼리 하거나 소수의 직원들이 일을 하는 편입니다. 그녀의 사업체는 60명도 넘게 일하고 있습니다. 어떻게든 직원을 늘리지 않는 것이 수익을 늘리는 것이라는 대다수 중소기업들과는 확실히 다른 마음가짐을 가지고 있습니다. 여럿이 함께 나눌 수 있어 행복하다고 말하는 대표는 이미 천사입니다. 그렇게 천사의 마음으로 함께한 사람들과 즐겁게 식사도 하다가 얼떨결에 저까지 천사가 되어버렸습니다. 저처럼 얼떨결에 천사가 된 회원들도 있다고 하는데 그들이 느끼는 행복과 보람은 처음보다 더 크게 느껴질 것만 같습니다. 기부금이 체계적으로 올바르게 잘 쓰일 거란 것도 믿으니까요.

세 명의 천사가 탄생된 식사 자리가 특별한 기억으로 남아 이후에도 한 번씩 만나기로 했습니다. 이제는 막연한 존경심을 가지고 서로를 대하던 마음보다 더 편해지고 서로를 존중하고 존중받는 관계로 발전하는 모임이 되었습니다.

돈으로 환산할 수 없는 좋은 사람들의 만남. 좋은 사람들이 더 좋은 사람으로 맺어진 만남.

그런 모임의 일원이 되어 감사합니다. 행복합니다. 더 큰 희망을 만들어가는 가족이 된 것 같아 자랑스럽습니다.

이 글은 '희망제작소'에서 발행하는 1004클럽. HMC 소식지 창간호에 실린 신규 회원의 글입니다. 저는 식사 자리를 주선했고 얼떨결에 천사도 되었습니다. 기고문의 저자에게 허락을 받고 올리는 글입니다. 그날의 멤버 모두가 저를 통해 벤처기업에 해마다 출자해주는 고객들입니다. 그날 이후로 두 달도 안 되어 1004클럽 회원 3명이 추가되었습니다.

%?

묻지마 고객들

"그런 게 있어요? 그럼 해야죠. 뭘 어떻게 하면 되죠?."

만난 지 한 시간쯤이나 되었을 겁니다. 전혀 다른 얘기를 하다가 1,500만 원까지 100% 소득공제 되는 게 있다고 안내했더니 이런 반응이 나왔습니다. 조합통장을 알려주자마자 그는 인터넷으로 바로 입금했습니다.

때는 2017년, 한 통의 전화가 걸려옵니다. 마침 제 휴대폰에 업체명과 대표 이름이 저장되어 있었기에 대표 이름을 부르며 반갑게 인사했습니다. 그는 저에게 지금도 노란우산을 하느냐 물어왔고 그렇다고 대답하니 놀라워했습니다. 자신은 2010년에 노란우산공제를 가입했고, 폐업하게 되었다며 방문 요청을 해왔습니다. (지금은 대표자 본인이 직접 내방하거나 인터넷으로만 공제금지급청구, 대리인불가) 서류를 준비해서 찾아갔습니다. 찾아가 보니 남성복 매장이었는데, 제가 한 달 전에 티셔츠를 구입했던 매장이기도 했습니다. 고객이었던 걸 전혀 기억하지 못하고 휴대폰에 입력된 업체가 동일 브랜드인 줄도 모르고 다시 방문했던 것입니다. 대표에게 준비된 서류를 건네고 덕담을 주고받았고, 그는 세금이 많아서 걱정이라는 이야기를 꺼냈습니다. 저는 곧 이렇게 말해주었습니다.

“1,500만 원까지 100% 소득공제되는 (2018년부터는 3,000만 원까지 100% 소득공제로 변경) 제도가 있는데요. 제가 지금 공부 중이니까 먼저 정확하게 알아보고 안내할 수 있을 때 자료 들고 찾아오겠습니다.”

“정말이요? 1,500만 원까지 100% 공제요? 노란우산공제보다 훨씬 크게 공제되네요? 그런 게 정말 있나요?”

“네, 조세특례제한법 16조인데요. 인터넷에 ‘개인투자조합’을 검색해보면 나옵니다.”

저 역시 공제가 된다는 것만 알고 있던 때라 자세한 설명을 할 수 없을 때였습니다. 조합사무실과 파트너협약을 맺었지만 기업들 소개도 잘하지 못했고 제도의 장단점도 알아가는 중이었습니다. 법 조항과 인터넷에 나온다는 말만 확실하게 할 수 있었습니다. 그런데 인터넷에 검색해본 대표가 출자하겠다는 겁니다.

"정확하게 안내해 드릴 분을 소개해드릴 테니 직접 알아보시고 입금하셔도 되는데요. 저는 아직 배우고 있습니다만…."

"저는 7년 전 노란우산을 담당했던 유준원 씨한테 전화했는데 지금도 그 일을 한다는 말에 믿음이 갑니다. 그리고 소득공제가 되고 3년이 지나면 조합을 해산한다고 하고 채권자로 들어가는 거잖아요. 회사가 망하지만 않으면 원금 받는 거네요. 합시다! 어디로 입금하면 되죠?"

저는 바로 교육을 맡고 있는 지점장

에게 전화했는데, 상담 중인지 전화를 받지 않았습니다. 통화가 되어 얼른 진행되면 좋겠다는 생각에 연결되지 않은 신호음이 야속하기만 했습니다. 아무래도 덜컥 입금부터 받을 일이 아니라는 두려움도 있었고, 10년 전 노란우산공제와는 완전히 달랐기 때문이죠. 간단하면서 원금보장도 되고 그 외에도 많은 혜택까지 있는 노란우산공제였습니다.

결국 지점장과 전화 통화는 못한 채로 입금부터 했는데 그때서야 전화가 왔습니다. 대표는 지점장과 10여 분 정도 통화를 했고 출자신청서를 포함해 총 여섯 장의 서류 작성을 마쳤습니다. 인감증명서와 인감도장은 다음에 받기로 하고 매장을 나왔습니다.

솔직히 불안한 마음이 더 컸습니다. 원금보장도 안 되는 기업들에게 3년 동안 투자자가 되거나 채권자가 된다는 불안이 아닙니다. 과연 내가 정확하게 안내할 수 있을지 걱정했습니다.

'이건 뭐지! 별거 아니네. 일단 무조건 알리고 다니면서 공부하고 고객들 질문에 대해 알아보고 답변해주다 보면 제대로 알겠네!'

이 일로 인해 다시 자신감이 생겼습니다. 완전하게 지식으로 무장한 다음 안내할 일까지는 아니라고 판단되니 바로 움직일 수 있었습니다. 특별히 기억에 남았던 2008년의 고객들이 떠올랐습니다. 10년이 지나는 동안 연락도 하지 않았던 고객들입니다. 한 번도 찾아간 적이 없고 전화와 문자도 한 적 없었습니다. 그들을 떠올리면서 민망하고 염치없는 행동이라는 생각은 접기로 했습니다. 좋은 선물을 들고 찾아가면 좋을 거란 생각으로요.

노란우산공제는 사업자대표가 한번 가입하면 그걸로 끝이었습니다. 다른 상품도 없고 추가로 가입할 수도 없습니다. 가입하는 고객도 안내하는 나도 마음이 편했습니다. 가입한 후로 고객관리라는 명목으로 전화와 문자로 인사하고 혹시나 모를 무언가의 추가수입이 없을까 하는 기대가 없는 일이었습니다. 계약하면 대놓고 더 이상 연락이 없을 것이라고 말하기도 했습니다. 한마디로 심플하고 개운하게 일했습니다. 수많은 영업사원에게 질리고 지쳐있는 고객들의 세일즈맨에 대한 인식과는 달랐습니다. 꽤 멋지고 색다른 세일즈맨이었습니다. 고객들을 귀찮게 하지 않는 세일즈맨은 '나 혼자뿐이다!' 라는 자부심도 있었습니다.

행복과 보람, 사명감, 소명 의식을 가지고 운영했던 출판사가 매출 저하로 바닥까지 내려왔을 때 또 다른 기적의 기회가 주어진 것입니다. 2007년에도 그 좋아하던 가구점 일을 교통사고의 후유증으로 하지 못할 때 만난 노란우산공제. 가구점과는 비교할 수 없는 보람되고 즐거운 출판사 일이었지만 버틸 수 없을 만큼 바닥을 치던 시간이었습니다. 생각해보니 정확하게 10년 만의 일입니다. 초라하기 짝이 없는 수수료에도 박리다매로 승부할 수 있다고 자신하며 전국 도시를 열 바퀴 넘게 돌아다니던 열정이 살아났습니다.

묻지도 따지지도 않았던 옷가게 대표 덕분에 얻은 자신감이 생긴 후 첫 번째 찾아간 곳은 산부인과였습니다. 2008년 노란우산공제를 하면서 알게 된 원장님입니다. 2008년 전라북도의사회 간부들의 점심 식사 중에 노란우산공제 브리핑을 했던 적이 있었습니다. 단체브리핑이 처음이었고, 공식 자리도 아닌 식사 중에 설명할 기회가 주어졌을 때였습니다. 더군다나 병원장님들이고 그중에서도 간부들 모임이었습니다. 예상했던 상황과 많이 달라져서 당황했고 제대로 발표도 못 하고 설명을 마쳤을 때 먼저 일어서서 박수 쳐 준 원장님입니다. 또 하나의 기적을 경험하는 순간이었습니다. 아니, 묻지도 따지지도 않고 입금한 경우보다 더 심한 충격이었습니다.

"그렇지 않아도 이거 알아보려고 서울 세미나에도 참석했었는데 내용을 잘 모르겠더라고요. 아무튼 잘 됐어요. 주위에 누가 아는 사람이 없었는데 유준원 씨가 하면 믿음이 갑니다. 이거 어떻게 하면 되죠?"

개인투자조합을 처음 안내했던 남성

복매장 대표와는 친한 사이가 되었습니다. 첫 출자일부터 지금까지 머리끝에서 발끝까지 그 매장만 이용하는 단골이 되었고 주변 사람들에게 소개도 많이 하고 다닙니다. 심지어 제가 좋아하는 스타일의 남성복매장이기도 합니다. 그 대표가 첫 고객이라면 저는 그 대표에게 최대고객이 되고 싶은 마음으로 다닙니다. 산부인과는 고객이 될 수 없어서 오다가다 자주 인사드립니다.

저 자신이 누군가에게 신뢰받는 존재가 되었다는 생각에 우쭐한 기분도 들었습니다. 하지만 그런 기분만으로는 행동할 수 없는 일이어서 더 많이 알아보고 더 많이 확인하면서 조심스러운 면도 잃지 않고 있습니다. 그렇게 출자를 시작한 옷 가게와 산부인과를 나온 후에는 어떻게 했는지 맞혀보세요. 조심하는 것은 나중에 해야 할 문제일지도 모릅니다. 저는 하루에 30곳 이상의 병원과 약국을 다니며 빠른 시간 안에 말하고 다니는 게 전부가 되었습니다. 아니, 더욱더 짧게 질문하고 다닙니다.

"3,000만 원까지 100% 소득공제 되는 게 있는데 알고 계세요?"

%?

지기지피지기 백전불태

'지기지피지기 백전불태?

'지피지기 백전백승인데 잘못 썼네!' 라고 생각하지는 않으셨나요? 그렇지 않습니다. 분명히 다른 뜻이 있습니다. 나를 알고 상대를 안 다음 나를 알게 되면 백번 싸워도 위태롭지 않다는 뜻입니다.

지기지피지기知己知彼知己 백전불태百戰不殆

손자병법 원문에는 '지피지기知彼知己 백전불태百戰不殆'로 쓰여 있습니다. '상대를 알고 나를 알면 백 번 싸워도 위태롭지 않다.' 그럼에도 불구하고 '지피지기 백전백승'이 맞다는 생각이 드신다면, 인터넷 검색으로 바로 알아볼 수 있을 것입니다. 친절한 백과사전이, 역사적으로도 백 번 싸워 백 번 모두 이긴 장수는 한 명도 없었다고 알려줍니다. 중국의 마오쩌둥이 가장 좋아하는 구절이라고도 합니다.

- 손자병법 모공(謨攻)〉편 -

지피지기知彼知己 백전불태百戰不殆 적을 알고 나를 알면 백 번 싸워도 위태롭지 않다.

부지피이지기不知彼而知己 일승일부一勝一負, 적을 알지 못하고 나를 알면 한 번 이기고 한 번 진다.

부지피부지기不知彼不知己 매전필태每戰必

殆. 적도 모르고 나고 모르면 싸울 때마다 반드시 위태롭다.

손자병법 원문에도 없고, 백과사전에도 없는 '지기지피지기知己知彼知己 백전불태百戰不殆'는 한국벤처경영원 김승찬 대표가 강의 중에 자주 하는 말입니다.

저는 매주 월요일 조합 사무실이 있는 서울의 한국벤처경영원으로 교육을 받으러 갑니다. 한 주 동안 달라졌거나 업그레이드된 투자기업 소식들, 경기부양정책, 세금 문제, 국내외 증시와 예측해 볼 법한 경제전망에 대해 듣고 배우러 갑니다. 그리고 관련 뉴스와 공지사항과 함께 김승찬 대표의 주간브리핑을 듣습니다. 이쯤에서 그의 말을 들어보시죠.

"원래는 지피지기면 백전불태입니다. 상대를 알고 나를 알면 백번 싸워도 위태롭지 않다는 뜻입니다. 그런데 사람들이 그걸 약간 다르게 해석했습니다. 상대를 알고 나를 알면 백 번 싸워도 지지 않는다는 백전불패로 바꿨습니다. 그러더니 백전백승까지 또 바꿨습니다. 백 번 싸워 백 번 다 이긴다? 그런 게 어디 있습니까?"

사실은 손자병법에 나오는 원문도 순서가 바뀐 겁니다. 뒤의 말도 바뀌었지만 앞의 말부터 지피지기가 아닙니다. 오히려 자기 자신을 먼저 알아야 되는 지기지피여야 맞습니다. 자신을 먼저 알아야 합니다. 자신을 먼저 알고 그다음 상대방을 파악한 후에 다시 자신을 알아야 백번 싸워도 위태롭지 않게 됩니다. 나를 먼저 알고 상대방을 알게 된 새로운 나를 알아야 합니다.

그래서 지기지피지기이면 백전불태입니다. 병법과 전쟁터에서는 적이 되겠지만 우리는 '상대방'으로 간주하면 됩니다. 나를 알고 상대를 알고 난 다음의 나를 알고 나서 움직여야 합니다. 그래야 백전불태든 백전불패든 할 게 아닙니까.

상대방은 고객이 될 수도 있고, 우리가 펀딩해주려는 기업이 될 수도 있습니다. 매매를 하는 경우라면 매매당사자가 될 수 있습니다. 매도인이면 매수인이 상대방이고 매수인이면 매도인이 상대입니다. 얼키고설키는 모든 관계에도 지기지피지기 해야 합니다. 상대를 이기려는 게 아니라 지지 않기 위해서입니다. 나도 알고, 기업도 알고, 그렇게 둘 모두를 알고 난 후의 나를 알고 움직여야 합니다. 나를 알고, 고객을 알고, 그렇게 알게 된 내가 어떻게 해야 하는지 알아야 포지션을 정확하게 잡을 수 있습니다. 그래야 실수하지 않고 실패할 확률도 줄어듭니다."

아무리 멋이 없게 해석하려 해도 지피지기 백전백승보다 백배는 멋있고 겸손해 보이는 내용입니다. 처음 들을 때부터 머릿속에 각인이 되어 늘 생각하게 됩니다. 강의 말미에 김 대표는 꼭 저를 거론하며 한마디 합니다.

"예를 들어 저와 유준원 GP님(업무집행조합원) 관계도 그렇습니다. 저는 개인투자조합의 기획과 기업발굴, 조합결성에서부터 해산까지 잘합니다. 유준원 GP님은 이 시스템을 가장 많이 알리고 조합원을 소개합니다. 둘 사이에 지기지피지기가 된 겁니다. 제가 잘 하는 일로 유준원 GP님의 스타일을 알아 어떻게 지원하는 게 좋을지 연구합니다. 장담합니다. 개인투자조합에서 두 명을 꼽으라고 하면 저하고 유준원 GP님이라고 해도 틀린 말이 아닙니다. 서로 지기지피지기해서 50개도 넘는 개인투자조합을 결성할 수 있었습니다.”

얼굴이 화끈거릴 정도였습니다. 틀린 말은 아니지만 동료들 앞에서 몸 둘 바를 모를 정도로 저를 띄워주었습니다. 부담 주면서 더 열심히 하라는 속내도 있겠지만요. 쑥스러웠지만 거창한 칭찬에 기분은 좋았습니다. 솔직히 말해서 제 실적이 월등하게 뛰어나긴 했고 그걸 계속 유지하고 있는 중입니다. 2007년부터 전문직 위주로 소득공제 안내를 하기도 했으니 10년도 훨씬 넘은 베테랑이기도 하죠. 아무렴 인쇄되어 나오는 책에 거짓을 기록하겠습니까.

유준원 GP님이라고 여러 번 듣다 보니 한문 지피知彼가 떠올라 웃음이 나기도 했습니다. 상대방을 알고 있는 제가,

이미 지피知彼가 되어 있다는 생각들 하셨죠?

맞습니다. GP는 법적으로 조합원 전체출자금의 5%를 출자하고 조합해산까지 책임을 져야 합니다. 조합원들의 출자금 회수에 문제가 없도록 신경 써야 하는 일들이 많습니다. 펀딩해준 기업들이 잘되도록 마케팅도 관여해야 합니다. 기업들의 자금 흐름에 문제 되는 지출은 없는지 감시자의 눈도 가져야 합니다. 지원해줄 때는 언제고 의심하는 것은 뭐냐고 할 문제가 아닙니다. 누이도 좋고 매부도 좋으려면 지킬 것이 잘 지켜져야 합니다. 성장 가능성이 충분한 벤처인증기업은 경영자금 지원을 통해 사업에만 매진할 수 있어서 좋고, 출자자들은 기업이 잘되어 수익이 나면 수익분배도 기대할 수 있어 좋습니다. 당장에 세금절세가 되어 좋습니다. 저 같은 GP는 수익분배 때 가장 크게 성과보수를 받아 좋습니다. 성공보수보다 더 큰 수익도 있습니다. 기업과 출자자들로부터 얻는 신뢰입니다. 누이 좋고 매부 좋게 하는 남동생이자 처남이 바로 GP입니다. 누이 시댁인 벤처기업도, 매부 처가인 우리 가족 조합원도 GP를 좋아합니다. 이런 신뢰와 인정을 돈으로 환산하면 얼마를 책정해야 할까요?

나를 알고 상대를 알게 된 다음에 또 한 번 나를 알고 나면, 실수는 확실히 줄어들게 됩니다. 그전에는 많은 시행착오를 겪거나 실수와 오해를 불러일으키는 일도 겪었습니다. 그동안 객관적인 나를 몰랐고, 상대방에 대해 제대로 알지 못했고, 또 한번 나를 만날 기회를 만들지 못했기 때문입니다. 오랫동안 세일즈를 해왔고, 세일즈를 좋아하고(제 딸과 아들 또한 세일즈의 매력에 빠지길 바랐을 정도고, 세일즈 명문가 탄생까지 꿈꾸었습니다.) 그렇게 세일즈 바라기였던 제가 지기지피지기하지 않았던 것입니다.

객관적으로 바라보는 나의 장점과 단점, 주관적으로 생각했던 상대방에 대해 제대로 알아보려는 자세, 나와 상대를 아우른 후에 대처하고 인정받을 나. 바로 지기지피지기입니다.

한 치 앞도 내다볼 수 없는 불확실한 시대입니다. 적어도 지금 나의 위치만큼은 알아내려는 자세를 갖게 되었습니다. 매사가 신중해졌습니다. 내가 아는 내 장점을 최대한 부각하려고 노력합니다. 내가 아는 개인투자조합이 아무리 좋아도 아무에게나 막무가내로 안내하지 않게 됩니다. 그래서 조합원이든 비조합원이든 맺어진 관계를 소홀히 하지 않게 되었습니다.

이기기 위해 나를 알고 상대를 아는 것이 아닙니다. 상대방에게 패하지 않기 위해서도 아닙니다. 나도 좋고 상대방도 좋은 방법을 정확하게 알고 실행하기 위함입니다. 나로 인해 나와 상대방이 위태롭지 않게 하기 위함입니다.

지기지피지기로 백전불태하며 살아가려 합니다. 나빠질 확률은 더 줄어들고 좋아질 확률은 점점 더 커진다는 사실을 진리로 알고 살아가겠습니다.

%?

세금전쟁과 세금평화

"신은 파멸시키려는 사람에게서 먼저 이성을 빼앗는다"

소설 《전쟁과 평화》에서 나폴레옹의 교만함을 지적할 때 사용한 말입니다. 불패신화의 전쟁영웅인 나폴레옹은 결국, 러시아 원정 실패라는 비극을 겪습니다.

'신' 은 사람만 파멸시키는 게 아니었

습니다. 한 국가의 '이성' 도 빼앗아 갑니다. 세계 최강국 미국이 영국의 식민지였던 사실은 알고 계시죠? 불과 250년도 안 된 역사입니다.

당시 영국의 미국 지배는 상당 부분 평화적이었습니다. 13개 주 식민지는 독립전쟁을 벌이기 직전까지 나름대로 만족하며 지냈습니다. 심지어는 자신들이 영국 왕의 선민으로까지 생각하며 살았습니다. 일본이 우리나라에 행한 만행까지는 없었나 봅니다. 하지만 나름 평화롭게 지내는 영국과 미국 13개 주의 평화는 오래가지 않았습니다. 독립전쟁을 벌인 이유는 세금이었습니다. 전쟁으로 인한 재정 파탄을 식민지 미국에 온갖 세금을 부과하면서 문제가 시작됩니다.

대표적으로 '설탕세' 와 '인지세' 가 있습니다. 설탕을 먹으려면 세금을 내야

했고 모든 인쇄물에도 세금을 내야 했습니다. '신'이 '이성'을 빼앗지 않고서야 최소한의 생계에까지 과도한 세금을 부과했겠습니까. 결국 미국의 독립전쟁은 말도 안 되는 세금 부과로 촉발되었다고 해도 틀린 말이 아닌 게 되었습니다.

세금은 국민의 의무이고 국가가 존재하는데 반드시 필요한 요소입니다. 국민의 세금이 있어야 국방, 교육, 복지, 치안, 도로와 기반시설이 유지됩니다. 세금이 없으면 국가가 제대로 운영될 수 없고, 불안과, 불편으로 살기 어렵게 됩니다. 의무이고 꼭 필요한 것이 세금이지만 근거 없이 부당하게 매길 수는 없습니다. 공정한 세금이 국가를 안정적으로 유지할 수 있고 반란과 분노를 일어나지 않게 합니다.

"세금 내는 게 불합리하고 억울하다고 생각되는가요?"

버는 것도 없는데 부자들보다 더 많은 세금을 걷어간다고 생각했다면 오해 한 가지부터 풀고 넘어가겠습니다.

'나보다 많이 버는 사람보다 더 많은 세금을 낸다?'

이런 일은 절대 없습니다. 다른 나라는 몰라도 우리나라는 절대 그럴 수 없는 구조이고 그것이 '법'입니다.

제가 2007년부터 소득공제 관련 일을 하고 있기 때문에 자신 있게 말씀드릴 수 있습니다. 소득세는 누진세입니다. 많이 벌면 많이 내고 조금 벌면 조금 냅니다.

이쯤에서 충격적인 사실 하나 더 말씀드리겠습니다. 우리나라 근로소득자의 40%는 소득세를 한 푼도 내지 않습니다. 사실입니다. 매월 급여에서 세금으로 차감되는 돈은 뭐냐고요?

그마저 연말정산으로 모두 돌려받기 때문입니다. 그러면 60%의 국민들이 똑같이 나눠서 100%를 맞춰서 낸다? 아닙니다. 많이 버는 20% 미만의 국민이 거의 절반을 냅니다. 그래서 돈 많이 버는 사람들 존경해줘야 합니다. 그 이유를 하나씩 짚어드립니다.

첫째, 세금을 정말 많이 냅니다. 수입의 절반 정도가 세금으로 나갑니다. 소득구간이 가장 높다면 46.2%이니 절반이 세금이라고 해도 틀린 말이 아닙니다. 세금뿐 아니라 건강보험료와 국민연금도 엄청납니다. 국민연금은 본인이 받는 혜택이라고 치고, 건강보험료는 다릅니다. 재산도 많고 돈도 잘 버는 사람들은 덜 아프고 덜 다칩니다. 건강보험료를 내기만 하고 혜택받을 일이 거의 없는 그룹입니다. 믿기 어려울 정도로 많이 냅니다. 최저 보험료를 내는 사람들보다 200배도 넘게 더 내니까요. 최저보험료를 15,000원으로 계산해보세요. 200배가 넘는 월 보험료가 얼마인지요. 실제 최저보험료는 15,000원에 못 미치고 최대보험료는 300만 원을 훨씬 초과합니다. 매월 납입하는 건강보험료가 어지간한 직장인 연봉 수준입니다.

둘째, 열심히 그리고 치열하게 살았습니다. (전문직이든 자수성가든 세상에 공짜는 없죠, 남들 놀 때 놀지 않았습니다. 노력했고 관리했습니다.)

셋째, 운도 억수로 좋고 복도 억수로 많고 똑똑합니다. (역시 세상에 공짜는 없습니다. 조상님이 덕을 쌓았든 복이 많거나 안목과 용기가 있었든지 간에 반드시 이유는 있습니다.)

감사하고 존경해줘야 할 넘치는 이유가 또 있습니다. 그들은 어지간히 아프거나 다쳐도 입원치료를 잘 받지 않습니다. 제대로 치료받지 못한다고 해야 하겠네요. 보험회사 합의금을 높이기 위해 꾀병을 부리거나 가짜 환자 행세를 하지 않습니다.

이 책의 원고가 마무리될 때쯤 제가 아는 산부인과 원장님의 교통사고 소식을 접했습니다. 정차 중일 때 뒤차의 추돌로, 앞차까지 충돌하게 된 큰 사고였습니다. 자동차 앞뒤 모두 심하게 파손되었고 신체 충격도 컸습니다. 그 원장의 입원 일수가 며칠일까요?

심지어 하루도 아닌, 당일 통원으로 끝났습니다. 주변에서 모두 입원 치료를 권했지만 소용없었습니다. 자신을 찾는 환자의 진료는 어떡하냐며 날마다 퇴근하고 통원치료를 받았습니다. 근무 중에는 환자를 진료하는 의사였고 퇴근하면 진료받는 환자로 지냈습니다.

다시 세금 문제입니다. 세금 많아서 열받고 못 살겠다며 불법을 떠올리고 탈세를 생각한다면 꿈 깨야 합니다. 100% 질 수밖에 없는 전쟁인 줄 모르고 덤비는 꼴입니다. 국세청을 우습게 알면 안됩니다. 눈에 불을 켜고 탈세를 찾아내는 '세파라치'의 눈부신 활약도 한몫할 것입니다.

반대로 세금을 내지 않는 40%의 국민들에게도 감사와 응원과 박수를 보내드려야 합니다. 그분들이 십시일반 걷은 돈으로 부자들을 더 부자로 만들어 주고 있으니까요. 서로 감사하면서 살아야 '세금전쟁'을 멀리할 수 있습니다.

'세금전쟁'이 있으면 '세금평화'도 있습니다. 세금이 있는 곳에 '공제'라는 평화가 있습니다. '세금폭탄'이 있다면 '폭탄제거반'도 있습니다. 다양한 종류의 세액공제와 소득공제가 있기 때문입니다. 저는 조세특례제한법 16조의 소득공제에 대해서만 안내하겠습니다.

소득공제는, 소득 자체를 없었던 것으로 인정해준다는 말입니다. 기초공제와 비용공제와 별도로 인정받게 되어 체감공제는 더 큽니다. 세액공제처럼 정해진 금액만큼 빠지는 게 아닙니다. 고소득일수록 혜택이 더 커집니다(최고세율 46.2%).

소득공제로 받는 연말정산과 절세로 아껴진 세금보다 더 빨리 혜택받는 게 있습니다. 투자든 출자든 입금과 동시에 벤처기업의 후원자가 되는 겁니다. 기업은 더 큰 성장을 위해 연구개발과 마케팅에 매진할 수 있고 우수인력을 채용할 수 있습니다.

정부가 왜 이토록 큰 혜택을 주겠습니까. 이 제도가 없을 때는 먼저 걷은 세금으로 기업에게 쓰여진 것을 순서가 바뀐 것입니다. 개인이 벤처기업을 위해 투자자가 되거나 채권자가 되면 3,000만 원까지 소득이 없는 것으로 간주해주겠다는 겁니다.

그야말로 누이 좋고(출자자), 매부 좋고(벤처기업), 부모 좋고(부담이 줄어든 국가), 사돈댁들 좋고(벤처기업 직원들, 증권사, 조합 관련 종사자) 저 역시 좋고요.

세금 많이 내는 게 소원이라는 분들의 소원이 늦게라도 100% 이루어지길 바라고 또 바랍니다.

만날 때마다 서로 기분 좋아지는 시골의 한 약사님이 세금신고를 마치고 저에게 뭐라고 했을까요?

"세금폭탄 제거반이시네요!"

이 말이 저에게 딱이라는 생각은 늘 변함없습니다. 훌륭한 벤처기업들을 계속 많이 소개해서 모두가 함께 부자 되고 잘 살 수 있는 방법을 연구하고 싶습니다. 가능성 100%의 '세금평화'에 대해서도요.

%?

부엔 까미노

우리는 지금 예전의 평범했던 일상이 기적처럼 느껴지는 세상에 살고 있습니다. 2020년 2월부터 수개월째, 일상으로 돌아가는 게 소원이 되었습니다. 코로나 19에 완전하게 빼앗겨 버린 2020년 봄이 되었습니다. 팔순 넘은 어르신이 이렇게 말하더군요.

"일제 강점기 때도, 6·25전쟁 때도 봄은 한 번도 빼앗긴 적이 없었는데…."

그리고 늦은 5월, 어느 평일에 학생들이 등교하는 모습을 방송국마다 톱뉴스로 내보냅니다. 일간지 1면도 아이들 등굣길을 사진과 함께 실었습니다. 결혼하는 신혼부부는 정해진 날짜에 결혼식을 올리는 것이 결혼보다 더 큰 축복이라고 말합니다. 모두가 겸손해졌습니다. 하늘 높은 줄 모르고 욕심냈던 과거의 모든 일상이 사라진 걸까요. 우리는 각자 힘든 시간을 보내면서 또한 서로를 응원해줍니다.

"반가워해주는 독자님 감사드립니다. 부엔 까미노!"

느닷없이 웬 '부엔 까미노!' 인지 생각하는 분들이 있을 겁니다. 아시는 분들은 아시겠지만, 스페인 산티아고 순례길을 걷는 이들이 가장 많이 하는 인사말입니다. 길을 걷는 나도 힘들지만, 또 다른 순례자들을 위로하고 격려해주는 말이기도 합니다.

여러 권의 베스트셀러 경력을 가진 강원국 작가의 소개로 알게 되어 '도서출판 더클'에서 책을 펴낸 정경석 작가가 있습니다. 정 작가는 회사에서 해외영업직으로 근무하다 정년퇴직을 하고 평생의 소원이었던 '산티아고 순례길'에 올랐습니다. 그리고 정말 한 달 동안 산티아고 길 810km를 걸어서 완주했고, 그 이야기로 《산티아고 까미노 파라다이스》를 펴냈습니다. 오직 자신의 힘 만으로 810km를 걸었죠. 서울에서 전주까지 200km니까 서울과 전주를 두 번 왕복해야 하는 거리입니다. 그 순례길을 걷는 일을 평생의 소원으로 여기는 분들이 많다고 하는데 시도하는 모든 분들이 대단하게 여겨집니다.

혹시 산티아고 길을(일명: 스페인 순례자의 길) 계획하는 독자라면 《산티아고 까미노 파라다이스》를 꼭 읽고 가세요. 순례길의 시작부터 끝까지 정말 세세하고 친절하게 기록된 책입니다. 정 작가는 책을 펴낸 후에도 한 번 더 그곳에 다녀왔고 여행사와 잡지사에서도 후원해주는 유명인이 되었습니다.

부엔 까미노(buen camino)의 buen은 '좋은'이라는 부사, camino는 '길'이라는 명사입니다. 즉 "좋은 길 되세요!"라는 말로 해석됩니다. 서로 일면식도 없는, 전 세계에서 날아온 사람들이 끝없이 펼쳐지는 길을 걸으며 "부엔 까미노!"를 외칩니다. 우리나라에서도 등산길에 오를 때 하산하는 사람들에게 하는 질문이 있습니다. 정상이 얼마나 남았냐고 묻는 것이죠. 그러면 하나 같이 이렇게 대답합니다.

"다 왔어요. 곧이예요, 조금만 더 올라가면 됩니다."

산티아고 길을 걷기 시작한 사람들은 일주일가량 지날 때부터 극심한 근육통에 시달린다고 합니다. 거의 비명을 지를 정도라고 하죠. 발가락은 붓고, 물집이 잡히고 터지기를 반복하는데 그런 상황에서도 어디에선가는 부엔 까미노가 들려옵니다. 들었던 이들도 새로 만나는 이들에게 이 밝고 긍정적인 인사를 전합니다.

이 인사에는 위의 뜻만 있는 게 아니라고 합니다. "좋은 여행 되세요! 당신의 앞날에 행운이 있기를 바랍니다!"라는 뜻도 있습니다.

2020년 봄. 사라진 봄을 보내는 지구촌 사람들이 마음에서, 입에서 "부엔 까미노!"를 절로 외칩니다. 우리 역시, 물집 잡힌 발가락을 부여잡고 억울해하기만 하는 게 아니라, 괜한 고생 사서 했다며 후회하는 게 아니라 서로에게 "부엔 까미노!"를 외쳤으면 좋겠습니다.

"다시 밝은 얼굴로 다 모여서 서로 악수를 할 수 있는 그런 날이 빨리 왔으면 좋겠습니다."

손흥민 선수의 응원 릴레이 지목에 봉준호 감독이 화답한 말입니다. 국군간호사관학교 장교들의 지목으로 시작된 코로나 극복 응원 릴레이가 BTS로, 손흥민 선수로, 봉준호 감독으로, 방송인 배철수 씨로 이어졌습니다.

코로나19는 남녀노소, 지위고하, 동

서남북을 가리지 않고 공포를 줍니다. 오히려 높은 지위와 유명인사, 부자들이 더 크게 두려워합니다. 그들이 어떻게든 혼자만 살기 위해 몸부림치는 게 아니라 함께 잘살기 위해 응원합니다. 모두가 잘사는 세상이어야 그들의 명예와 인기도 계속 빛을 낼 수 있습니다. 우상처럼 떠받들어지는 그들의 응원 메시지가 얼마나 큰 힘이 되는지 말해 뭐하겠습니까. 정말 감사한 분들입니다. 그분들의 앞날은 진작부터, 계속해서 부엔 까미노였습니다. 우리의 세상은 혼자가 아닌 '함께!' 입니다.

모두의 앞날에 "부엔 까미노!"

에필로그

“준원 씨! 무슨 일이야! 코로나 걸렸어? 너무 오래 안 보이는 거 아냐?”

한 달에 한 번 꼴로 찾아뵙던 약사님 한 분에게서 전화가 왔습니다. 그동안 하루에 20곳 이상의 병원과 약국을 다니는 업무를 해왔는데 코로나19가 기승을 부리는 탓에 조심스럽게 행동했기 때문이죠. 저는 증상도 없고 건강한 편이라 염려가 안 되지만 혹시나 무증상으로 돌아다니다 피해를 주는 장본인이 될지도 모른다는 생각에 움직이지 않았습니다. 대신 다른 중요한 일을 시작했습니다. 3년 넘게 준비했던 두 번째 책을 쓸 기회로 바꿔버렸습니다.

감사합니다.

한 장씩 읽다가 에필로그까지 온 독자님들의 앞날도 '불가능한 확률'이 제로가 될 겁니다. 늘 응원하겠습니다. 혹시 아직 본문은 읽지 않고 이 페이지부터 보고 있다면 얼른 본문부터 처음으로 넘어가는 게 좋습니다. 왜냐하면, 손에 잡고 있는 이 책은 0.01%의 확률로 손에 쥐어진 것이기 때문입니다. 초판으로 1만 권을 인쇄했으니 0.01%가 맞습니다. 1만 권 중의 1권을 보고 있는 기적의 축복을 제대로 경험하려면 맨 앞부터 차곡차곡 읽어야 좋은 확률로 바뀝니다.

《불가능의 확률》이라는 제목은 이미

2016년 리우올림픽 때 결정했습니다. 그때부터 저에게 일어나는 기적 같은 성과들과 특별한 인연이 연결될 때마다 모아놓은 이야기입니다. 언젠가는 꼭 이 제목으로 책을 펴내야지 하는 마음이었습니다.

늘 바쁘게 움직이던 차에 코로나19가 들이닥쳤지만, 저는 또 다른 기회를 맞이했습니다. 건강한 제가 무증상으로 지내다가 피해를 줄 수도 있으니 움직임을 조심해야겠다는 생각으로, 마음을 잡고 이야기를 정리했습니다. 아니, 정리해놓은 기록들을 또 한 번 정리했습니다. 코로나가 창궐하던 4월에 쓰기 시작해 석 달도 안 되어 인쇄까지 넘겼습니다. 어쩌면 코로나보다 속도가 빨랐던 것 같습니다.

초판 1만 권을 인쇄한다고 했을 때 인쇄소도, 도서유통도 반대했습니다. 요즘 1,000권도 잘 안 팔린다고 하는데 어쩌려고 그렇게 많이 찍냐며 반대했습니다.

아, 그렇지만 이 책 제목은 뭐고 이 책을 펴내는 저는 또 누구입니까? 제목답게, 그동안 이루어 낸 감사한 성과들의 주인공답게 행동해야 하는 게 옳다는 결론을 내렸습니다.

2014년 7월 7일에 출판사를 창업해 직접 경험해본 바가 있으니 모를 리가 없는 통계입니다. 출판사를 운영하던 시절 그동안 초판 1,000권을 주로 출판했고 500권을 인쇄한 책도 있습니다. 하지만 그 책들조차 팔리지 않아 사무실에 빼곡하게 쌓여있습니다. 남들은 재고라고 말하며 폐지로 팔아버리라고 하는데 제 생각은 다릅니다. 아직 그 책들의 저자들은 건강하게 지내고 있고, 좋은 관계도 유지하고 있습니다. 언제 어떻게 성장하고 독자를 넓힐지 아무도 모릅니다. 저는 늘 기대감을 가지고 책이 쌓인 사무실을 둘러봅니다.

책은 유명인이 썼다고 무조건 많이 팔리고 무명이 썼다고 무조건 안 팔리는 게 아닙니다. 출간한 책이 100만 권 가까이 팔린 강원국 작가도 무명이었을 때 펴낸 첫 책이 대박이 난 걸 떠올려보세요.

1만 권 제작은 그 자체로 불가능의 시작입니다. 괜한 객기부리지 말라고들 합니다. 제 생각과는 완전히 다른 조언입니다. 저를 통해 소득공제를 신청한 분들이 전국에 5,000명이 넘습니다. 그들의 손에 쥐어질 확신이 넘치는 중인데 왜 불안에 떨겠습니까. 만약에 안 팔리면 어떡하지라는 불안감이 들었다면 조금만 인쇄했을 겁니다. 어설프게 500권 1,000권을 인쇄하고 안 팔리면 말고 식으로 출판하기 싫었습니다.

반대하는 모든 사람들은 한 번도 도전

하지 않았고, 경험하지 않아서입니다. 걱정도 되고 무엇보다 저를 위해주는 커서입니다.

이 책이 나오기까지 응원해주신 모든 분들께 감사드립니다. 2014년 상하이저널에 거창한 인터뷰 기사에 잘 찍은 사진까지 실어주어 글로벌스타를 만들어주신 고수미 편집국장님 감사합니다. 덕분에 요즘 안 써지는 글로 힘들게 벌 서는 진짜 '글로 벌 서는' 스타가 되었습니다. 10년 전부터 전폭적으로 응원해주고 가장 많은 고객을 소개해준(100명 넘게) 세무회계사무실 김서진 사무장님 감사드립니다. 추천사로 힘을 실어준 강원국 작가님과 바스엑스포 박현순 회장님께 감사드립니다. 깐깐하고 꼼꼼하게 기업분석을 하고 많은 소개를 해준 기업은행의 이윤구, 김상희 팀장님께 감사드립니다.

'코로나19'때문에 힘들어하는 분들이 제 책을 읽고, 에너지를 얻어갈 수 있다면 더없이 감사하고 행복하겠습니다. 책을 펴낸 진짜 솔직한 이유는, 더 많은 응원과 격려받고 싶어서입니다. 지금도 넘치도록 받고 있지만 자꾸 욕심이 납니다. 어쩌면 지금까지의 제 삶은 기적으로 시작해서 기적으로 지내왔습니다. 인연을 통해 끝없이 이어지는 인연으로 성공한 '인연 모델의 삶' 과 같습니다. 사람들의 격려와 응원을 많이 받은 저, 더 크게 성장하고 싶습니다. 지기지피지기하면서 더 조심스럽게, 건강하게, 겸손하게, 꾸준하게 나아가겠습니다. 감사합니다.

2020년 봄, 여름 코로나19로
'기회는 이때다!' 방콕하면서 펴냅니다.